中华现代学术名著丛书

史学要论

李守常 著

商務印書館
创于1897
The Commercial Press

图书在版编目(CIP)数据

史学要论/李守常著.—北京:商务印书馆,2010(2023.6重印)
(中华现代学术名著丛书)
ISBN 978-7-100-07458-2

Ⅰ.①史… Ⅱ.①李… Ⅲ.①史学理论 Ⅳ.①K0

中国版本图书馆CIP数据核字(2010)第202407号

本书据商务印书馆1999年版排印

中华现代学术名著丛书
史 学 要 论
李 守 常 著

商 务 印 书 馆 出 版
(北京王府井大街36号 邮政编码100710)
商 务 印 书 馆 发 行
北京捷迅佳彩印刷有限公司印刷
ISBN 978-7-100-07458-2

2010年12月第1版 开本880×1240 1/32
2023年6月北京第4次印刷 印张6⅛ 插页1
定价:54.00元

李大钊（字守常）

（1889—1927）

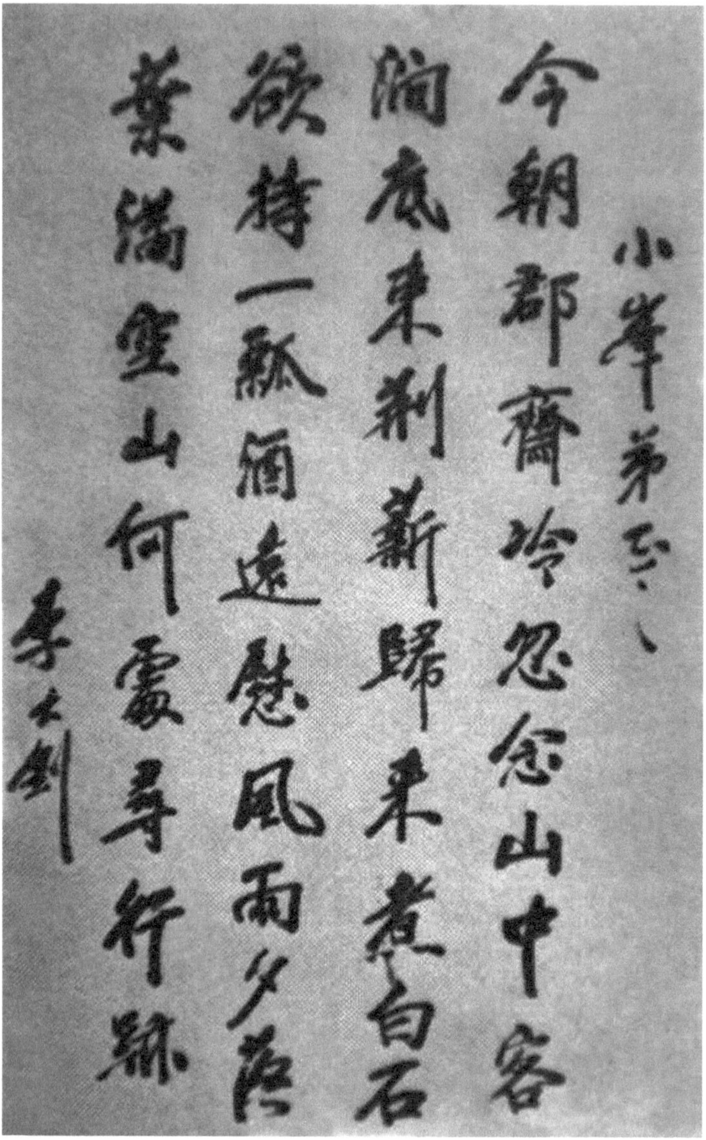

作者手迹

出版说明

百年前，张之洞尝劝学曰："世运之明晦，人才之盛衰，其表在政，其里在学。"是时，国势颓危，列强环伺，传统频遭质疑，西学新知亟亟而入。一时间，中西学并立，文史哲分家，经济、政治、社会等新学科勃兴，令国人乱花迷眼。然而，淆乱之中，自有元气淋漓之象。中华现代学术之转型正是完成于这一混沌时期，于切磋琢磨、交锋碰撞中不断前行，涌现了一大批学术名家与经典之作。而学术与思想之新变，亦带动了社会各领域的全面转型，为中华复兴奠定了坚实基础。

时至今日，中华现代学术已走过百余年，其间百家林立、论辩蜂起，沉浮消长瞬息万变，情势之复杂自不待言。温故而知新，述往事而思来者。"中华现代学术名著丛书"之编纂，其意正在于此，冀辨章学术，考镜源流，收纳各学科学派名家名作，以展现中华传统文化之新变，探求中华现代学术之根基。

"中华现代学术名著丛书"收录上自晚清下至20世纪80年代末中国大陆及港澳台地区、海外华人学者的原创学术名著（包括外文著作），以人文社会科学为主体兼及其他，涵盖文学、历史、哲学、政治、经济、法律和社会学等众多学科。

出版"中华现代学术名著丛书",为本馆一大夙愿。自1897年始创起,本馆以"昌明教育,开启民智"为己任,有幸首刊了中华现代学术史上诸多开山之著、扛鼎之作;于中华现代学术之建立与变迁而言,既为参与者,也是见证者。作为对前人出版成绩与文化理念的承续,本馆倾力谋划,经学界通人擘画,并得国家出版基金支持,终以此丛书呈现于读者面前。唯望无论多少年,皆能傲立于书架,并希冀其能与"汉译世界学术名著丛书"共相辉映。如此宏愿,难免汲深绠短之忧,诚盼专家学者和广大读者共襄助之。

商务印书馆编辑部

2010年12月

凡　例

一、“中华现代学术名著丛书”收录晚清以迄20世纪80年代末，为中华学人所著，成就斐然、泽被学林之学术著作。入选著作以名著为主，酌量选录名篇合集。

二、入选著作内容、编次一仍其旧，唯各书卷首冠以作者照片、手迹等。卷末附作者学术年表和题解文章，诚邀专家学者撰写而成，意在介绍作者学术成就，著作成书背景、学术价值及版本流变等情况。

三、入选著作率以原刊或作者修订、校阅本为底本，参校他本，正其讹误。前人引书，时有省略更改，倘不失原意，则不以原书文字改动引文；如确需校改，则出脚注说明版本依据，以“编者注”或“校者注”形式说明。

四、作者自有其文字风格，各时代均有其语言习惯，故不按现行用法、写法及表现手法改动原文；原书专名（人名、地名、术语）及译名与今不统一者，亦不作改动。如确系作者笔误、排印舛误、数据计算与外文拼写错误等，则予径改。

五、原书为直（横）排繁体者，除个别特殊情况，均改作横排简体。其中原书无标点或仅有简单断句者，一律改为新式标点，专名号从略。

六、除特殊情况外，原书篇后注移作脚注，双行夹注改为单行夹注。文献著录则从其原貌，稍加统一。

七、原书因年代久远而字迹模糊或纸页残缺者，据所缺字数用“□”表示；字数难以确定者，则用“（下缺）”表示。

目　录

史观 …………………………………………………… 1
马克思的历史哲学与理恺尔特的历史哲学…………… 7
唯物史观在现代史学上的价值 ………………………… 24
“今”与“古”（一） ……………………………………… 33
“今”与“古”（二） ……………………………………… 51
史学与哲学 ……………………………………………… 58
研究历史的任务 ………………………………………… 73
史学要论 ………………………………………………… 81

李大钊先生学术年表……………………… 朱文通　150
李大钊和他的《史学要论》 ………………… 朱文通　166

史　　观*

人类的历史，果何自始？曰，不知所自始。果何由终？曰，不知所由终。在此无始无终，奔驰前涌的历史长流中，乃有我，乃有我的生活，前途渺渺，后顾茫茫，苟不明察历史的性象，以知所趋向，则我之人生，将毫无意义，靡所适从，有如荒海穷洋，孤舟泛泊，而失所归依。故历史观者，实为人生的准据，欲得一正确的人生观，必先得一正确的历史观。

吾兹之所谓历史，非指过去的陈编而言。过去的陈编，汗牛充栋，于治史学者亦诚不失为丰富资考的资料，然决非吾兹所谓活泼泼的有生命的历史。吾兹所云，乃与"社会"同质而异观的历史。同一吾人所托以生存的社会，纵以观之，则为历史，横以观之，则为社会。横观则收之于现在，纵观则放之于往古。此之历史，即是社

* 本文为李大钊（字守常）在北京大学开设的"史学思想史"课程的部分讲义。该讲义于 1923 年 12 月 8 日送印，20 日印出。——编者注

会的时间的性象。一切史的知识,都依他为事实,一切史学的研究,都以他为对象,一切史的纪录,都为他所占领。他不是僵石,不是枯骨,不是故纸,不是陈编,乃是亘过去、现在、未来、永世生存的人类全生命。对于此种历史的解释或概念,即此之所谓历史观,亦可云为一种的社会观。

古昔的历史观,大抵宗于神道,归于天命,而带有宗教的气味。当时的哲人,都以为人类的运命实为神所命定。国社的治乱兴衰,人生的吉祥祸福,一遵神定的法则而行,天命而外,无所谓历史的法则。即偶有重视王者、圣人、英雄、豪杰而崇之以为具有旋乾转坤的伟力神德者,亦皆认他们为聪睿天亶,嵩生岳降,仰托神灵的庇佑以临治斯民。故凡伟人的历史观、圣贤的历史观、王者的历史观、英雄的历史观、道德的历史观、教化的历史观,均与神权的历史观、天命的历史观,有密接相依的关系。后世科学日进,史学界亦渐放曙光。康德之流已既想望凯蒲拉儿(Kepler)、奈端(Newton)其人者诞生于史学界,而期其发见一种历史的法则,如引力法则者然。厥后名贤迭起,如孔道西,如桑西门,如韦柯,如孔德,如马克思,皆以努力以求历史法则之发见为已任而终能有成,跻后起的历史学、社会学于科学之列,竟造成学术界一大伟业。厥后德国“西南学派”虽崛起而为文化科学即历史学与自然科学对立的运动，亦终不能撼摇史学在科学的位置，这不能不归功于马克思诸子的伟业了。

自康德以还，名家巨子努力以求历史法则的发见者，既已实繁有徒，于是历史观亦衍类多端：有神权的历史观，有宗教的历史观，有道德的历史观，有教化的历史观，有圣人的历史观，有王者的历史观，有英雄的历史观，有知识的历史观，有政治的历史观，有经济的历史观，有生物的历史观，有地理的历史观。将此种种依四种的分类法括而纳之：曰，退落的或循环的历史观与进步的历史观；曰，个人的历史观与社会的历史观；曰，精神的历史观与物质的历史观；曰，神教的历史观与人生的历史观。前者以历史行程的价值的本位为准，后三者则以历史进展的动因为准。以历史行程的价值的本位为准者，或曰，社会的演展乃由昌盛而日趋衰落，或曰，社会的演展乃如循于一环，周而复始，或曰，社会的演展乃由野僿而日跻开明。以历史进展的动因为准者，则曰，史之进展必有动因。至于动因何在，则又言人人殊：或曰，在个人，如英雄、王者是；或曰，在社会，如知识、经济是；或曰，在精神，如圣神、德化、理念是；或曰，在物质，如地理、人种、经济是；或曰，在神权，如天命、神意是；或曰，在人生，如社会的生产方法，或社会的知识程度是。

历史观本身亦有其历史，其历史亦有一定的倾向。大体言之，由神权的历史观进而为人生的历史观，由精神的历史观进而为物质的历史观，由个人的历史观进而为社会的历史观，由退落的或循环的历史观进而为进步的历史观。神权的、精神的、个人的历史观，多带退落的或循环的历史观的倾向；而人生的、物质的、社会的历史观，则多带进步的历史观的倾向。神权的、精神的、个人的、退落的或循环的历史观可称为旧史观，而人生的、物质的、社会的、进步的历史观则可称为新史观。

实在的事实是一成不变的，而历史事实的知识则是随时变动的；纪录里的历史是印版的，解喻中的历史是生动的。历史观是史实的知识，是史实的解喻。所以历史观是随时变化的，是生动无已的，是含有进步性的。同一史实，一人的解释与他人的解释不同，一时代的解释与他时代的解释不同，甚至同一人也，也于同一史实的解释，昨日的见解与今日的见解不同。此无他，事实是死的，一成不变的，而解喻则是活的，与时俱化的。例如火的发明，衣裳的发明，农业及农器的发明，在原人时代，不知几经世代，经社会上的几多人，于有意无意中发见、应用的结果积累而成者。旧史观则归功于半神人的燧人氏、神农氏等。若由新史观以为解释，则必搜其迹寻其因于社会全体的进化，而断定此半神人为荒诞的虚构。又如孔子的生平事迹,旧史观则必置之于天纵的地位,必注意于西狩获麟一类的神话。若依新史观为他作传,则必把此类荒诞神话一概删除,而特注意于产生他的思想的社会背景。所以历史不怕重作,且必要重作。实在的事实,实在的人物,虽如滔滔逝水,只在历史长途中一淌过去,而历史的事实,历史的人物,则犹永永生动于吾人的脑际,而与史观以俱代。依据人生的史观重作的历史,补正了依据神权的史观作成的历史不少;依据社会的史观重作的历史,补正了依据个人的史观作成的历史不少;依据物质的史观重作的历史,补正了依据精神的史观作成的历史不少;依据进步的史观重作的历史,补正了依据退落的或循环的史观作成的历史不少。历史观的更新,恰如更上一层,以观环列的光景,所造愈高,所观愈广。以今所得,以视古人,往往窃笑其愚,以为如斯浅识都不能解。其实知识有限,如隔丛山,过后思之,以为易事,而在当时,则非其时之知识所能胜。譬如奈端,据以发明引力法则的苹果落地的事实,奈端之前,奈端之后,目睹苹果落地者,何止千百万人,而皆莫喻引力之理,今从史实,亦何足异?根据新史观、新史料,把旧历史一一改作,是现代史学者的责任。

中国自古昔圣哲,即习为托古之说,以自矜重:孔孟之徒,言必称尧舜;老庄之徒,言必称黄帝;墨翟之徒,言必称大禹;许行之徒,言必称神农。此风既倡,后世逸民高歌,诗人梦想,大抵慨念黄、农、虞、夏、无怀、葛天的黄金时代,以重寄其怀古的幽情,而退落的历史观,遂以隐中于人心。其或征诛誓诰,则称帝命;衰乱行吟,则呼昊天;生逢不辰,遭时多故,则思王者,思英雄。而王者英雄之拯世救民,又皆为应运而生、天亶天纵的聪明圣智,而中国哲学家的历史观,遂全为循环的、神权的、伟人的历史观所结晶。一部整个的中国史,迄兹以前,遂全为是等史观所支配,以潜入于人心,深固而不可拔除。时至今日,循环的、退落的、精神的、"唯心的"历史,犹有复活反动的倾势。吾侪治史学于今日的中国,新史观的树立,对于旧史观的抗辩,其兴味正自深切,其责任正自重大。吾愿与治斯学者共策勉之。

马克思的历史哲学与理恺尔特的历史哲学*

哲学者，笼统地说，就是论理想的东西。理想表现于社会上，或谓以全体而为统一的表现，或谓以部分而为对立的表现。主后说者，谓理想之对立的表现者，为政治，为法律，为经济。所以社会哲学云者，人有释为论社会的统一的法则性的东西；亦有人释为政治哲学、法律哲学、经济哲学的总称。

把立于经济的基础上的政治、法律等社会构造，纵以观之，那就是历史。所以横以观之，称为社会哲学者，纵以观之，亦可称为历史哲学。具有历史的东西，固不止于政治、法律、经济等，他如学问、道德、美术、宗教等所谓文化的理想，亦莫不同有其历史。然普通一说历史，便令人想是说社会上的政治、法律和经济。再狭隘一点，只有政治的历史被称为历史，此外的东西似乎都

* 本文为李大钊在北京大学开设的“史学思想史”课程的部分讲义。讲义使用时间在 1923 年 12 月—1924 年 4 月之间。

不包括在历史以内。这样子一解释,历史哲学由范围上说是社会哲学,而由内容上说便是政治哲学,这未免把历史哲学的内容太弄狭了。

今欲论社会哲学与历史哲学的关系,必先明历史的概念和社会的概念;今欲明历史和社会的概念,最好把马克思的历史观,略述一述。因为马氏述其历史观,却关联历史和社会。原来纵观人间的过去者便是历史,横观人间的现在者便是社会,所以可把历史和历史学与社会和社会学相对而比论。

马克思的历史观,普通称为唯物史观。但这不是马氏自己用的名称。此名称乃马氏的朋友恩格斯在一八七七年始用的。在一八四八年的《共产党宣言》里和在一八六七年出第一卷的《资本论》里,都有唯物史观的根本原理,而公式的发表出来,乃在一八五九年的《经济学批判》的序文。在此序文里,马氏似把历史和社会对照着想。他固然没有用历史这个名词,但他所用社会一语,似欲以表示二种概念:按他的意思,社会的变革,便是历史;推言之,把人类横着看,就是社会,纵着看就是历史。喻之建筑,社会亦有基础与上层。基础是经济的构造,即经济关系,马氏称之为物质的或人类的社会的存在。上层是法制、政治、宗教、艺术、哲学等,马氏称之为观念的形态,或人类的意识。从来的历史家欲单从上层上说明社会的变革即历史，而不顾基础，那样的方法，不能真正理解历史。上层的变革，全靠经济基础的变动，故历史非从经济关系上说明不可。这是马氏历史观的大体，要约起来说，他认以经济为中心纵着考察社会的历史学，对于历史学而横着考察社会的，推马氏的意思，那是经济学，同时亦是社会学。

相对于马氏的历史观，有一派历史家的历史观。在中国及日本，这派历史家很不在少。他们大抵把历史分为西洋史、东洋史、国史，认以政治为中心纵着考察社会的，为历史学。以政治为中心，即是以国家为中心，国家的行动依主权者的行动而表现，故以主权者或关系主权者的行动为中心以研究社会变迁的，是历史学。然则马氏的历史观与此派历史家的历史观其所执以为中心者虽彼此各异，而其于以社会变迁为对面的问题一点可谓一致。

由马氏的历史观推论起来，以经济为中心横着考察社会的是经济学，同时亦是社会学。那么由此派历史家的历史观推论起来，似乎以政治为中心横着考察社会的，应该是政治学，同时亦是社会学。然于事实上，他们并不这样想。他们并不注意政治学、社会学的学问的性质，只认以政治为中心研究社会变迁的是历史学罢了。

今日持政治的历史观的历史家，因为受了马克思的经济的历史观影响,亦渐知就历史学的学问的性质加以研考。依他们的主张,于历史研究社会的变迁,乃欲明其原因结果的关系。换句话说,历史学亦与自然科学相等,以发见因果法则为其目的。于此一点,与马氏的历史观,实无所异。依马氏的说,则以社会基础的经济关系为中心,研究其上层建筑的观念的形态而察其变迁,因为经济关系能如自然科学发见其法则。此派历史家,虽在今日,犹以为于马氏所谓上层建筑的政治关系能发见因果的法则,此点实与马氏的意见不同。然其以历史学的目的为与自然科学相等存于法则的发见,则全与马氏一致。而于此点所受马氏的影响者亦实不为小。要之,马克思和今日的一派历史家,均以社会变迁为历史学的对面问题,以于其间发见因果法则为此学目的。二者同以历史学为法则学。此由学问的性质上讲,是说历史学与自然科学无所差异。此种见解,结局是以自然科学为唯一的科学。自有马氏的唯物史观,才把历史学提到与自然科学同等的地位。此等功绩,实为史学界开一新纪元。自时厥后,历史的学问,日益隆盛;于是有一派学者起来,以为依那样的见解说明历史学的学问的性质,不能使他们满足,因为他们以为历史学虽依那样的见解升到科学的地位,但究竟是比附唯一的科学的自然科学而居于附庸的地位,乃努力提倡一种精神科学使之与自然科学对立，这种运动的先驱者，首为翁特（德人），余如郎蒲锐西亦欲依此方法定历史的学问的性质。然翁特所主张的精神科学，由学问的性质上说，亦与自然科学相等，以法则的发见为其目的。固然依翁特的说，虽等是说因果的法则，而以为精神科学的目的者是内的法则，与自然科学所研究的外的因果法迥异。然自学问的性质上去看，二者之间无大差别。以是之故，虽在历史学上打上一个精神科学的印章，仍不能依是以对于自然科学给历史学保证独立的位置。于是有斥翁特的精神科学由学问论上主张历史学的独立而起者，则德国西南学派的文化科学是。

德国西南学派，亦称巴丹学派，此派在日本颇盛行。日本学坛一般把西南学派和北德的马尔布尔西学派合称为新康德派。然一言新康德派，普通即认为指海格尔学派分裂后以兴复康德哲学为目的而起来的一派而言，与今日的巴丹学派和马尔布尔西学派实为异派。于是有属于马尔布尔西学派的某学者自称其学派为新批评主义，以示区别。亦有人提议把德国的南北两康德派，都单称康德派。否则各用别的名称，固然在现今一言康德派，此二派外还有他派，然不是照康德哲学的原样一点亦不动的，只是以康德哲学的精神为哲学的基调的康德学派，即云限于此两派亦无不可。

西南学派与马尔布尔西学派，虽等是以康德哲学的精神为其哲学的基调，而其互相一致的点，只是关于先验的或批评的哲学方法的部分，其关于概念、关于问题，二者实在相异的点，因之关于学风的全体，亦自有其所不同。例如西南学派，则始终于纯粹理论的方面；而马尔布尔西学派，则多关涉于实际问题。尤其是对于社会问题，马尔布尔西学派的哲学者，无论谁何，皆是一面批评，一面研究，所谓社会哲学，即是此派的产物；世间称为康德派的社会哲学者，即系指此。今就直接有关系的学问论考之，马尔布尔西学派，在认识论上考察的科学，似与康德相同，以自然科学为主；而在西南学派的学问论，则对于自然科学，高唱文化科学，即历史的科学，使与自然科学相对峙。

西南学派，创始于文蝶儿般德，而理恺尔特(H. Rickert)实大成之，拉士克复继承之。今则文氏终老，拉氏亦复战死于疆场，硕果仅存，惟有理氏一人为此派的唯一的代表者了！由学问论上言之，文化科学的提倡，首先发表此论者，虽为文氏，有造成今日此派在思想界的势力者，实为理氏。故一论及西南学派的文化科学，即当依理氏的说以为准则。依理氏的说，则谓学问于自然科学外，当有称为历史的科学或文化科学者，此理一察自然科学的性质自明。自然科学的对象，便是自然；

自然之为物,同一者可使多次反复,换句话说,就是同一者可使从一般的法则反复回演。如斯者以之为学问的对象,不能加以否认,因而自然科学的成立,容易附以基础。然学问的对象,于可使几度反复回演者外,还有只起一回者,这不是一般的东西,乃是特殊的东西,不是从法则者,乃是持个性者,即是历史。

然则如何而能使历史与自然相等而为学问的对象呢?依理氏的意见,这只细味学问的性质便可知悉。学问云者,即是所构成的概念。此概念构成,从来人们认为只限于一般的东西,所以学问亦只有自然科学存在;然依理氏的见解,概念构成,没有那样狭的解释的必要,依何等方法改造对象以之取入于主观者即为概念,则与把一般的东西依一般化的方法取入于主观者为概念构成相等,把特殊的东西,依个性化的方法取入于主观者,不能不说亦是概念构成。前者为自然科学,后者为历史学,或历史的科学。

以上是把学问的对象,由形式上看,区别自然与历史的。理氏以为更可由内容上看,把一般的东西与前同样名为自然,而把特殊的东西,名之为文化,以代历史。这个意思,就是说自然一语,由形式及内容两方面均可表明一般的东西,而对于特殊的东西,历史一语,则仅能表示其形式的方面,而其内容的方面,非用文化一语表示不可。于此时会，自然虽不含有价值，而文化则含有价值；以故以之构成概念，对于自然用离于价值的方法，而对于文化则不能不取价值关系的方法；自然科学以依离于价值的方法发见一般的法则为其目的，而文化科学，即历史学或历史的科学，则以依价值关系的方法，决定只起一回的事实为其任务。

理氏关于历史学性质的意见如此。此意见发表的时候，很招些非难和攻击。即今日我们对于他的学说亦不能全表赞同。他认历史学为一种事实学，于详明史学的特性上，亦未尝无相当的理由，然依此绝非能将马克思认历史学为如同自然科学的一种法则学的理论完全推翻者。不过因为有了他的学说在普遍的科学原则之下，史学的特殊性质愈益明了，其结果又把历史学对于自然科学的独立的地位愈益提高。在史学上，亦算是可以追纵马氏的一大功绩罢了。

理氏考察学问的对象，一方使自然与历史对立，他方使自然与文化对立。他于关于学问论的著作，共有两种：一为《自然科学的概念构成之限界》，一为《文化科学与自然科学》。第一种著作，由使自然与历史对立的论点出发，进而达于使自然与文化对立的论点；第二种著作，则由自然与文化的论点，进而至于自然与历史的论点。由二作的内容比较起来，第一种比第二种大，第二种乃为说明第一种的概要者，而于立论的行序，微有不同。他于一八六九年着手第一种著作时，欲由方法上明自然科学的限界。主张历史学或历史的文化科学的独立，故其考察学问的对象，亦由基于他所谓形式上的区别，自然与历史的对立出发，诚为不无理由；至于第二种著作的内容，乃理氏于一八九八年“文化学会”的第一次例会讲演时，欲以历史学或历史的文化科学的存立为既被证明者，使之与自然科学对立而叙述者，故其考察学问的对象，亦基于他所谓实质上即内容上的区别，自然与文化的对立，以展其立论的步骤，亦是当然的事情。其第一种著作出版第一版时，实为一九〇二年，故视其第二种著作的第一版为稍迟。然其于第一种著作欲证明历史的文化科学的方针，至一九一三年出第二版时未尝少变。同时其于第二种著作，欲叙述历史的文化科学的方针，至一九一〇年出第二版、一九一五年出第三版时，亦全无改易。

理氏于一方使自然与历史对立，于他方使自然与文化对立；前者是以方法为主考察学问的对象者，后者是以对象为主而考察学问的对象者；由前者生出自然科学与历史学的对立，由后者生出自然科学与文化科学的对立。论者有谓科学根本的分类，须为唯一不动者。固然，类别科学，或以方法为标准，或以对象为标准，均无不可；从而其结果生出不同，亦是当然的事，然因是之故，致科学根本的分类，生出二个的对立，似不适当。依理氏的主张，一方的自然科学，无论以方法为主而分类，以对象为主而分类，依然是自然科学；而谓他方的科学以方法为主时则为历史学，以对象为主时则为文化科学，是非表示自然科学存有学问的独立性，而他方的科学总有些地方欠缺独立性而何？果尔，则是他的历史的文化科学的论证，尚未能云得有确固的基础，于是觉得对于理化的学问论非加以修正不可。日本文学博士铃木宗忠氏即持此见解者。铃木氏举其修正的要点，乃在关于科学根本的分类，承认理氏以对象为标准的对立，而由是引出以其方法为标准的对立，即是把科学大别为自然科学与文化科学，而文化科学更分为历史学与组织学。

- 科学——
  - 自然科学
  - 文化科学——
    - 历史学
    - 组织学

理氏把学问的对象一般称为现实界，以为那是依超个人的主观而被构成者。铃木氏关于此点，亦别无异议。理氏又依价值的附着与否，把现实界分为自然与文化。价值不附着的现实界是自然，价值附着的现实界是文化。然彼于此，并未明言如何引出此分类原理的价值。价值预想主观,对于主观有意义者,斯为价值。理氏既以价值为标准分现实界为自然与文化以上,则不能不把他看作由主观引出者。然如斯以证,则此主观与那构成现实界的超个人的主观有如何的关联的问题,于是乎发生。铃木氏想此主观系个人的主观。固然此个人的主观,在认识论上是离于理氏的超个人的主观则为无意义者;然当把学问对象的现实界分起类来的时候,有分别把他立起来的必要。原来由认识论上说,这是立于他的超个人的主观上者,然实在说来,这是存在于现实的主观。理氏虽于学问论立此主观,而于其认识论上的意味,似未把他弄得十分明白。

依铃木氏的见解,则个人的主观离自己而见的现实界是为自然,使关系于自己而见的现实界是为文化,离自己以观则现实界,只是共通于各主观的方面现出来的;此方面以共通于各主观之故所以他被认为于主观全无关系依其自身的法则而生灭起伏者,于是得名之为自然。自然是被认作于主观无关系者,故其中不含有价值。反之,使关系于自己以观,则现实界只是于各主观特殊的方面现出来的,而不是于各主观共通的方面现出来的,惟其于各主观为特殊之故,此方面遂呈出恰如主观把他作出之观,故得名之为文化。文化于主观有特别的关系,故不得不云价值含于其中。他根据这个理由,基于个人的主观把为学问的对象的现实界，分为自然与文化，于是以以自然为对象者为自然科学，以以文化为对象者为文化科学，此二者为科学的根本分类，由方法上考察之，其理益明。夫学问既是把对象构成概念者，而概念构成云者，又不是说把对象照原样模写，是说把他改造，既云改造于此必要标准。然若只依一个标准以改造对象，合于是标准者即以为本质的东西，而被取入于概念，其不合于是标准者，即以为非本质的东西而被排斥。以故要想把对象毫无隐蔽的全都把握住改造的标准，只有一个，殊不足用，于是有立二个标准的必要。此二个标准如有矛盾对当的关系，则于一方以非本质的东西而被排斥者，于他方亦得以本质的东西而被取入，则现实界得全体为学问的对象而无挂漏了。

然则关于现实界改造的二个标准，当于何求之？铃木氏谓一得求于自然之中，一得求于文化之中。自然是于各主观共通的方面，文化是于各主观特殊的方面，互相矛盾。今于二者之中，求改造的标准，则此二个标准亦自当立于矛盾的关系。被求于自然之中者，是所谓一般的法则的概念；被求于文化之中者，是所谓个性的价值的概念。自然科学于以一般的法则为标准改造现实界时，其方法为一般化的方法；文化科学以个性的价值为标准改造现实界时，其方法为个性化的方法。更由所谓价值的点言之,则自然科学的方法,为离价值的方法;文化科学的方法,为价值关系的方法。换句话说,就是以依一般化的方法研究法则的为自然科学,以依价值关系的方法研究一回起的事实的为文化科学。依铃木氏的意见,以对象为主的科学分类为自然科学与文化科学的对立;以方法为主的科学分类,亦同为自然科学与文化科学的对立。于兹成为问题者,乃为历史学的位置。理氏对于自然科学,称为历史学,历史学的科学,或历史的文化科学,而把历史学与文化科学看成一个东西。铃木氏对于此点不表赞成。他认文化科学为可与自然科学对立者,而再由文化科学中导出历史学。

为自然科学的对象的自然,是于各主观共通的现实界的方面,其事当不依主观而有所异。自然不依主观而其所异云者,其意即云自然者,横观之,于庶多的主观同样的表现出来;纵观之,亦不依时间而生变化。彼依时间而生的现实界的变化,不妨名之为历史。由是言之,为自然科学对象的自然无历史。反之,为文化科学对象的文化,为于各主观特殊的现实界的方面,故是依主观而异,以是之故,依对于自然的矛盾对当的关系,不能不说文化有历史。由此点观之,理氏以文化科学名为历史的科学,实为正当;然其以历史学与历史的科学、文化科学同视,似未尽妥。固然,文化依时代而变迁,为同一的东西只起一回者;过去的文化与现在的文化不能以学问的对象有同等的意义。第一,过去的文化,不过合全体而成为学问的对象;现在的文化,即此亦足为一学问的对象而有余。第二,过去的文化,以之取入于概念,使关系于含于其文化中的价值以决定事实,虽为绰有余裕;而在现在的文化,以之取入于概念的时候,则不可不使关系于可存于吾人的普遍妥当的价值,以组织事实。他于是主张分文化科学为二,而以研究过去的文化者为历史学,以研究现在的文化者为组织学。

此外还有一个应行讨论的问题,即是马克思派及一派历史家以社会的变迁为历史学所研究的对面问题是否适当。夫以社会的变迁为历史学的问题,是即以社会为有历史的。既以社会为有历史的,则社会之为学问的对象,不为自然而为文化。今世俗一般颇滥用"社会"一辞,其意义殊暧昧;即在以社会为对象的社会学,其概念亦因人而各异。大体说来,关于社会的概念的见解,可大别为二类:一以人间结合的形式为社会学对象的社会者,一以人间结合的内容为社会者。此项争论,在学问论上,兹无讨论的必要。今姑以为社会学的对象的社会为人间结合的形式。即在此种见解,由学问对象论言之,社会的概念亦有二种:一则以之为自然,一则以之为文化。以社会为自然者,即以社会学为研究法则的自然科学;反之以社会为文化者,即以社会学为组织的研究现在事实的文化科学。亦有人谓社会学概与心理学相类,同为研究心作用的学问。由结合方面观之,可为学问的对象,即于个人上把他切断来研究,亦可为学问的对象:前者是社会学,后者是心理学。心理学是研究心作用其物的一般的法则的。社会学是研究心作用的结合其物的一般的法则的。心理学为自然科学,社会学亦为自然科学。此派论者,虽以心理学为自然科学,却研究现于心理学对象的心作用上的价值内容的所谓心理科学,如伦理学、美学、宗教学等为文化科学;虽以社会学为自然科学,却以研究现于社会学对象的社会结合上的价值内容的所谓社会科学,如法律学、政治学、经济学等为文化科学。此派论者的理据,即认心作用有二:一为单独者,一为结合者;单独者即心理,结合者即社会。无论心理与社会,若以之为形式而考察的时候,不依时间而变化,为同一的东西可以屡次反复回演者,故由学问对象论上观之,此不得不谓为自然;然现于心理及社会上的价值内容在美术与宗教,在法律与政治,皆为一回起的(或云一趟过的)东西,而有历史,故此不得不谓为文化。等是社会,由内容上观察,称为政治社会的时候,虽为文化科学的对象的文化;而由形式上观察,单指社会结合的时候,是为自然科学的对象的自然。这是本于理氏的理论的推论。

论者依据以上的推论，谓为社会学的对象的社会，既属于自然，不依时间而生变化，故无历史；而以马克思及一派历史家认社会为有变迁的，以之为历史学的对面问题，为不当。然马克思及其他历史家并未把社会分为自然与文化二方面以为考察，自不能以是相绳，且即以此准绳批判其说，彼等既以有变迁的社会为历史学的对面问题，则其所考察的社会，亦非自然而为文化，亦非此所谓社会学的对象的社会而为历史学的对象。社会科学的对象的经济社会或政治社会，马克思屡以社会一语用为经济社会的意味，凡于其公式的发表他的历史观的《经济学批判的序文》稍有研究者皆能注意及此。今为避繁，无暇列举文证。即就一派历史家而论，其所考察的社会为政治社会，亦不待言。然则上述的评论，实不足以难马氏及持政治史观的历史家明甚。

论者又谓马克思的经济史观，是以经济史概历史学的全般。历史家的政治史观，是以政治史概历史学的全般，此亦不当。夫经济史与政治史固为历史学，然是二者不是历史学的全般，而皆为一种特殊的历史学。且个个的文化科学，皆含有其组织学与历史学。各种的文化内容，在逻辑上应是对立的而不是隶属的，应是平列的，而不是支配的；不得以一种组织学概组织学的全般，亦不得以一种历史学概历史学的全般。各文化的历史学，即是各特殊的历史学，离于各特殊的历史学，固无历史学的全般，而一种特殊的历史学，亦断不是历史学的全般。推马克思及历史家的见解，必是以经济或政治为文化的中心，然所取以为文化的中心者，亦因人而异。治法律者容以法律为文化的中心，治宗教者容以宗教为文化的中心，亦将以同一的理由不能加以否认，此以知以一种特殊的历史学蔽历史学的全般，皆为无应。世间往往有对于政治史而称别的特殊历史学为文化史者，凡历史学皆为文化史，以一种特殊的文化史而与其他各种特殊文化史的总合对立，是亦未为允当。

上述的评论，不得不认为有相当的理由。然以之批难马克思的历史哲学，则实有商榷的余地。马氏认社会的构造是个整个的东西，有其基础，亦有其上层；经济关系是其基础，观念的形态是其上层；上层与基础相合而成此构造。马氏虽认上层的变动随着基础的变动而变动，但绝不是把社会构造的整个全体，裂为零碎的东西，而以基础概全构造，以经济史概全文化史，概全历史学。我们承认历史学是各个特殊的历史学的总合，同时亦当承认经济关系在社会全构造中是其基础，承认经济在整个的文化生活中是比较重要的部分。

唯物史观在现代史学上的价值*

“唯物史观”是社会学上的一种法则，是 Karl Marx 和 Friedrich Engels 一八四八年在他们合著的《共产党宣言》里所发见的。后来有四种名称，在学者间通用，都是指此法则的，即是：（1）“历史之唯物的概念”（“The Materialistic Conception of History”），（2）“历史的唯物主义”（“Historical Materialism”），（3）“历史之经济的解释”（“The Economic Interpretation of History”）及（4）“经济的决定论”（“Economic Determinism”）。在（1）、（2）两辞，泛称物质，殊与此说的真相不甚相符，因为此说只是历史之经济的解释，若以“物质”或“唯物”称之，则是凡基于物质的原因的变动，均应包括在内，例如历史上生物的考察，乃至因风土、气候、一时一地的动植物的影响所生的社会变动，均应论及了。第（4）一辞，在法兰西

* 本文为李大钊在北京大学开设的“史学思想史”课程的部分讲义，曾发表于 1920 年 12 月 1 日出版的《新青年》第八卷第四号。——编者注

颇流行,以有倾于定命论宿命论之嫌,恐怕很有流弊。比较起来,还是“经济史观”一辞妥当些。Seligman 曾有此主张,我亦认为合理,只以“唯物史观”一语,年来在论坛上流用较熟,故且仍之不易。

科学界过重分类的结果,几乎忘却他们只是一个全体的部分而轻视他们相互间的关系,这种弊象,呈露已久了。近来思想界才发生一种新倾向:研究各种科学,与其重在区分,毋宁重在关系;说明形成各种科学基础的社会制度,与其为解析的观察,不如为综合的观察。这种方法,可以应用于现在的事实,亦可以同样应用于过去的纪录。唯物史观,就是应这种新倾向而发生的。从前把历史认作只是过去的政治,把政治的内容亦只解作宪法的和外交的关系。这种的历史观,只能看出一部分的真理而未能窥其全体。按着思想界的新倾向去观察,人类的历史,乃是人在社会上的历史,亦就是人类的社会生活史。人类的社会生活,是种种互有关联、互与影响的活动,故人类的历史,应该是包括一切社会生活现象广大的活动。政治的历史,不过是这个广大的活动的一方面,是社会生活的一部分,不是社会生活的全体。以政治概括社会生活,乃是以一部分概括全体,陷于很大的误谬了。于此所发生的问题,就是在这互有关联、互与影响的社会生活里,那社会进展的根本原因究竟何在？人类思想上和人类生活上大变动的理由究竟为何？唯物史观解答这个问题，则谓人的生存，全靠他维持自己的能力，所以经济的生活，是一切生活的根本条件。因为人类的生活，是人在社会的生活，故个人的生存总在社会的构造组织以内进动而受他的限制，维持生存的条件之于个人，与生产和消费之于社会是同类的关系。在社会构造内限制社会阶级和社会生活各种表现的变化，最后的原因，实是经济的。此种学说，发源于德，次及于意、俄、英、法等国。

唯物史观的名称意义，已如上述，现在要论他在史学上的价值了。研究历史的重要用处，就在训练学者的判断力，并令他得着凭以为判断的事实。成绩的良否，全靠所据的事实确实与否和那所用的解释法适当与否。十八世纪和十九世纪前半期的历史学者，研究历史原因的问题的人很少。他们多以为历史家的职分，不外叙述些政治上、外交上的史实，那以伟人说或时代天才说解释这些史实的，还算是深一层的研究。Lessing 在他的《人类教育论》与 Herder 在他的《历史哲学概论》里所论述的，都过受神学观念的支配，很与思想界的新运动以阻力。像 Herder 这样的人，他在德国与 Ferguson 在苏格兰一样，可以说是近代人类学研究的先驱，他的思想，犹且如此，其他更可知了。康德在他的《通史概论》里，早已窥见关于社会进化的近代学说,是 Huxley 与许多德国学者所公认的,然亦不能由当时的神学思想完全解放出来,而直为严正的科学的批评。到了 Hegel 的《历史哲学》,达于历史的唯心的解释的极点,但是 Hegel 限于“历史精神”观,于一般领会上究嫌过于暧昧,过于空虚。

有些主张宗教是进化的关键的人,用思想感情等名词解释历史的发长,这可以说是历史的宗教的解释。固然犹太教、儒教、回教、佛教、耶教等五大宗教的教义,曾与于人类进步以很深的影响,亦是不可争的事实,但是这种解释,未曾注意到与其把宗教看作原因,不如把他看作结果的道理,并且未曾研究同一宗教的保存何以常与他的信徒的环境上、性质上急遽的变动相适合的道理。这历史的宗教的解释,就是 Benjamin Kidd 的修正学说,亦只有很少的信徒。

此外还有历史的政治的解释。其说可以溯源于 Aristotle,有些公法学者右之。此派主张通全历史可以看出由君主制到贵族制、由贵族制到民主制的一定的运动,在理想上,在制度上,都有个由专制到自由之不断的进步。但是有许多哲学家,并 Aristotle 亦包在内,指出民主制有时亦弄到专制的地步,而且政治的变动,不是初级的现象,乃是次级的现象,拿那个本身是一结果的东西当作普遍的原因,仿佛是把车放在马前一样的倒置。

这些唯心的解释的企图,都一一的失败了,于是不得不另辟一条新路。这就是历史的唯物的解释。这种历史的解释方法不求其原因于心的势力,而求之于物的势力,因为心的变动常是为物的环境所支配。

综观以上所举历史的解释方法,新旧之间截然不同。因历史事实的解释方法不同,从而历史的实质亦不同,从而及于读者的影响亦大不同。从前的历史,专记述王公世爵纪功耀武的事。史家的职分,就在买此辈权势阶级的欢心,好一点的,亦只在夸耀自国的尊荣。凡他所纪的事实,都是适合此等目的的,否则屏而不载,而解释此类事实,则全用神学的方法。此辈史家把所有表现于历史中特权阶级的全名表,都置于超自然的权力保护之下。所记载于历史的事变,无论是焚杀,是淫掠,是奸谋,是篡窃,都要归之于天命,夸之以神武,使读者认定无论他所遭逢的境遇如何艰难,都是命运的关系。只有祈祷天帝,希望将来,是慰借目前痛苦的唯一方法。

这种历史及于人类精神的影响,就是把个人的道德的势力,全弄到麻木不仁的状态。既已认定自己境遇的苦难,都是天命所确定的,都是超越自己所能辖治的范围以外的势力所左右的,那么以自己的努力企图自救,便是至极愚妄的事,只有出于忍受的一途,对于现存的秩序,不发生疑问,设若发生疑问,不但丧失了他现在的平安，并且丧失了他将来的快乐。他不但要服从，还要祈祷，还要在杀他的人的手上接吻。这个样子，那些永据高位握有权势的人，才能平平安安的常享特殊的权利，并且有增加这些权利的机会，而一般人民，将永沉在物质道德的卑屈地位。这种史书，简直是权势阶级愚民的器具，用此可使一般人民老老实实的听他们掠夺。

唯物史观所取的方法，则全不同。他的目的，是为得到全部的真实，其及于人类精神的影响，亦全与用神学的方法所得的结果相反。这不是一种供权势阶级愚民的器具，乃是一种社会进化的研究。而社会一语，包含着全体人民，并他们获得生活的利便，与他们的制度和理想。这与特别事变、特别人物没有什么关系。一个个人，除去他与全体人民的关系以外，全不重要，就是此时，亦是全体人民是要紧的，他不过是附随的。生长与活动，只能在人民本身的性质中去寻，决不在他们以外的什么势力。最要紧的，是要寻出那个民族的人依以为生的方法，因为所有别的进步，都靠着那个民族生产衣食方法的进步与变动。

斯时人才看出他所生存的境遇，是基于能时时变动而且时时变动的原因；斯时人才看出那些变动，都是新知识施于实用的结果，就是由像他自己一样的普遍人所创造的新发明新发见的结果，这种观念给了很多的希望与勇气在他的身上；斯时人才看出一切进步只能由联合以图进步的人民造成，他于是才自觉他自己的权威，他自己在社会上的位置，而取一种新态度。从前他不过是一个被动的、否定的生物，他的生活只是一个忍耐的试验品，于什么人亦没有用处。现在他变成一个活泼而积极的分子了，他愿意知道关于生活的事实，什么是生活事实的意义，这些生活事实给进步以什么机会，他愿意把他的肩头放在生活轮前，推之挽之使之直前进动。这个观念，可以把他造成一个属于他自己的人，他才起首在生活中得了满足而能于社会有用。但是一个人生在思想感情都锢桎于古代神学的习惯的时代，要想思得个生活的新了解，那是万万不可能；青年男女，在这种教训之下，全麻痹了他们的意志，万不能发育实成。

这样看来，旧历史的方法与新历史的方法绝对相反：一则寻社会情状的原因于社会本身以外，把人当作一只无帆、无楫、无罗盘针的弃舟，漂流于茫茫无涯的荒海中，一则于人类本身的性质内求达到较善的社会情状的推进力与指导力；一则给人以怯懦无能的人生观，一则给人以奋发有为的人生观。这全因为一则看社会上的一切活动与变迁全为天意所存，一则看社会上的一切活动和变迁全为人力所造，这种人类本身具有的动力可以在人类的需要中和那赖以满足需要的方法中认识出来。

有人说社会的进步,是基于人类的感情。此说乍看似与社会的进步是基于生产程序的变动的说相冲突,其实不然。因为除了需要的意识和满足需要的愉快,再没有感情,而生产程序之所以立,那是为满足构成人类感情的需要。感情的意识与满足感情需要的方法施用,只是在同联环中的不同步数罢了。

有些人误解了唯物史观,以为社会的进步只靠物质上自然的变动,勿须人类的活动,而坐待新境遇的到来。因而一般批评唯物史观的人,亦有以此为口实,便说这种定命(听命由天)的人生观,是唯物史观给下的恶影响。这都是大错特错,唯物史观及于人生的影响乃适居其反。

旧历史的纂著和他的教训的虚伪既是那样荒陋,并且那样明显,而于文化上又那样无力,除了少数在神学校的,几乎没有几多教授再作这种陈腐而且陋劣的事业了。晚近以来,高等教育机关里的史学教授,几无人不被唯物史观的影响,而热心创造一种社会的新生。只有公立学校的初级史学教员,尚未觉察到这样程度的变动,因为在那里的教训,全为成见与习惯所拘束,那些教员又没有那样卓越的天才,足以激励他们文化进步上的自高心,而现今的公立学校又过受政治和教科书事务局的限制。

唯物史观在史学上的价值,既这样的重大,而于人生上所被的影响,又这样的紧要,我们不可不明白他的真意义,用以得一种新人生的了解。我们要晓得一切过去的历史,都是靠我们本身具有的人力创造出来的,不是那个伟人圣人给我们造的,亦不是上帝赐予我们,将来的历史亦还是如此,现在已是我们世界的平民的时代了,我们应该自觉我们的势力,赶快联合起来,应我们生活上的需要创造一种世界的平民的新历史。

“今”与“古”(一)*

宇宙的运命，人间的历史，都可以看作无始无终的大实在的瀑流，不断的奔驰，不断的流转，过去的一往不还，未来的万劫不已。于是时有今古，人有今古，乃至文学、诗歌、科学、艺术、礼、俗、政、教，都有今古。今古的质态既殊，今古的争论遂起。

有一派人，对于现在的一切现象都不满足，觉得现今的境象，都是黑暗、堕落、恶浊、卑污，一切今的，都是恶的，一切古的，都是好的，政治、法律、道德、风俗、诗歌、文学等等，全是今不如古。他们往往发伤时的慨叹，动怀古的幽情，说些“世道日衰”、“人心不古”的话，遐想无怀、葛天、黄、农、虞、夏的黄金时代的景象，把终生的情感心神，都用在过去的怀思。这一派人可以叫作怀古派。

---

* 本文发表于1923年2月12日的《社会科学季刊》第一卷第二号，署名为李大钊。——编者注

又有一派人,对于现在及将来抱乐观的希望,以为过去的成功,都流注于现在,古人的劳绩,都遗赠于后人。无限的古代,都以现今为归宿,无限的将来,都以现今为胚胎。人类的知识,随着时代的发展,不断的扩大,不断的增加,一切今的,都胜于古的,优于古的,即如诗歌艺术,今人所作,亦并不劣于古人,所谓无怀、葛天、黄、农、虞、夏不过是些浅化初开的时代,并不那样值得我们的怀思与景仰,我们惟有讴歌现代,颂祷今人,以今世为未来新时代的基础,而以乐天的精神,尽其承受古人、启发来者的责任。这一派人可以叫作崇今派。

崇今派与怀古派间,往往发生激烈的论战。欧洲当十七世纪顷,关于今古优劣的比较,亦曾引起文学上的战争,此争绵亘约百年间,在法如是,在英亦如是。

今古的激战,于文学(特别是诗歌)为最烈,又最易引起公众热烈的兴趣。长于此等论战的人,又将其范围推广至于知识。许多人以今古的争论,为文学史上的枝节问题。首先以此等论争,为有更广的关系而唤起人们的注意者,厥为孔德。

今古的争论,在思想上实有相当的意义,这是对于文艺复兴的衡轭一部分的反抗。崇今派立于攻击者的地位,想令批评主义由死人的权威解放出来。他们争论到一个很重要的问题,这个问题就是:现今的人犹能与显烈的古人抗衡否，抑或在智力上实劣于古人？这还包含着更大的问题，就是：自然已否竭尽其力？他是否久已不能再生脑力与元气等于他曾经产生的人们了？人性是否已经疲竭，抑或他的势力是否永存而不尽？

崇今派的战士，主张自然的势力永远存在，直接反对人类退落说，此说所以不能见信于人。崇今派的贡献独多，知识上的进步说获有一个最初的明确论证，实为今古的争论所唤起的结果。

今古的激战，虽自十七世纪初叶开幕，而在十六世纪末叶，已有一位崇今派的战士，首先跃起作崇今派的先驱。其人为谁？即鲍丹是。

鲍丹学说的重要，不在他的君政论，而在他企图立一普遍历史的新学说，以代中世时史学界流行的黄金时代说。主张黄金时代说者，大抵以为古代有一个黄金时代，化美俗良，德福并茂，真是人间的天国；后来日渐堕落，由金时代，降而为银时代，而铜，而铁；这就是说“世道人心江河日下”了。此说盛行于欧土中世神学者流，鲍丹独起而否认之。鲍丹认自然永是均一，拟想自然能在一时代产出黄金时代说所指的那个人那个境遇，在别一时代便不能产生他们，是不合理的。换句话说，鲍丹确认自然动力永在与不灭的原则，以为在一时代所能产生的人或境遇，在别一时代亦能产生。从人类的原始时代以后,人间的光景有很大的变动,设使他们之所谓黄金时代可以召唤回来,而与现今为比较,现今反倒是金,他反倒是铁,亦未可知。历史是由人的意思造成的,人的意思是永在变动中的,无论俗界教界,时时刻刻有新法律,新装束,新制度,随着亦有些新错误涌现出来,但在这变动不居的光景中,亦可以看出一个规律来,就是震动的法则;一起一仆,一仆一起,拟想人类永是退落的,是一个错误;倘真如此,人类早已达于灾害罪患的穷途,而无噍类了!人类不但不是永远退落的,而且在震动不已的循环中,渐渐的升高,这就是螺旋状的进步;他们昧然指为金为银的时代的人,全去禽兽未远,由那个状态慢慢的演进,才有今日的人类生活、社会秩序。古人的发明,固然值得我们的赞誉,但今人亦有今人的新发明,其功绩与古人的一样伟大而重要。有了航海南针的发明,才能成就周航地球,世界通商的事业,由是而世界一家了。他如地理学天文学上的进步、火药的发明、毛织业并其他实业的发展,都在在与全世界以极大的影响;即单就造纸术印刷术的发明而论,已足以抗颜古人而无愧。

继鲍丹而起者则有倍根,倍根对于古人表相当的尊敬,并且熟于古人的著作;但他认古人的权威,于科学进步上是一致命的障碍,故亦努力于解除古人权威的衡轭。他以为真理不是于任何时会的好机会中可以寻得的,真理的达到,全视经验与他们的经验所受限制之如何;在他们的时代,时间与世界的知识均极有限而贫乏,他们没有千年的历史足当那个名称,不过是些传说与口碑罢了。除去世界一小部分的境界与国家,他们全不熟悉。在所有他们的系统与科学的想象中,难有一个单纯的经验有助益人类的倾向的。他们的理论是立在意见上的,从而科学在最近两千年间静止的停留;而立在自然与经验上的机械的艺术,则渐长而增高。

倍根指出 Antiquity 一语迷误的义解,他说我们称为古代而那样常与以崇敬者,乃为世界的少年时期,真值得称为古代的是世界的老年与增加的年代,就是我们现在生于其中的年代。论世界的年龄,我们实是古人,那些希腊人、罗马人比我们年少的多,如同我们看重一个老年人,因为他的关于世界的知识比一个青年人的大。所以我们有很好的理由,盼望由我们自己的时代得到比由古代所得者更多的东西;因为在我们自己的时代,知识的储藏为无量数的考察与经验所增积,时间是伟大的发明者,真理是时间的产儿,不是权威的产儿。

印刷术、火药、罗盘针三大发明,是古人所不知道的。这些发明变更了全世界的情形,先文学,次战争,最后航海,引起了无数的变迁,影响及于人事,没有比这些机械的发明再大的。或者航海及未知地的发见，与倍根以感印者，比与鲍丹者多。

倍根认地球通路的开辟与知识的增长，为同时代的产物。此等事业，在今世大部分业已成就，晚近的学术，并不劣于从前两个学术上的时代——希腊人的时代、罗马人的时代。希腊、罗马及现在是历史上三大时代，希腊、罗马为世界上文教法度最昌明的国家，但在那些时代，自然哲学亦未有何进步。在希腊是道德的、政治的空想吸收了人们的精神；在罗马是沉思与努力都耗用在道德的哲学上，最大的智力，都贡献于市民的事务。在第三期，西欧民族的精力，又都为神学的研究占去了。古初实在有些最有用的发明，到了冥想与理论的科学的开始，这等有用的事业就停止了。在过去的人类史上，许多事物的进步是迟缓的，不定的，偶然的，人如能觉察过去的发明的错误而求所以免除之，现在很有确固的进步的希望。

倍根认循环说为知识发展上最大的障碍，每致人们失所信赖与希望。进步之不确定与不继续，全因偏见与错误妨人致力于正轨。进步的艰难，不是起于人力所不逮的事物，而基于人类的误解，此误解耗费时间于不当的目的。妨阻过去的过失，即是创辟将来的希望。

但他的新时代将来的进展是否无限，他于此未加研考。

今古论战的舞台虽在法兰西，而此问题实为一个义大利人所提起。此人为谁？就是那首著名的描绘当时叙事诗人讽刺诗的作者塔桑尼。他喜于暴露他的时代的偏见，而倡言新学说，他因为攻击 Petrarch，Homer，Aristotle 诸人，在义大利招了很大的诽谤。最早的古今人功绩的比较发见于“Miscellaneous Thoughts”，这是他在一六二〇年刊行的。他说此问题是当时流行的争论事件。他对此争论，于理论的、空想的、实用的各方面，立一透彻的比较，与以公平的裁断。

有一派人主张艺术依经验与长久的工夫能致完善，所以现代必有此利益。塔桑尼对于此说首先加以批评，他说此理由不甚坚固，因为同一的艺术与学问，不永是不间断的为最高智慧所追求，而有时传入劣者手中，所以渐趋退落，甚且至于消灭。例如罗马帝国衰亡时的义大利，当时有很多世纪，觉艺术降在平凡以下了。换句话说，只有假定没有联续的断裂，此说当可承认。

他作出一种比较，以明他不是任何一方的拥护者；他许古人以星星点点的优越，同时今人在全体上远胜于古人；他所考察的范围，比那些自限于文学、艺术的争论者广，文化的物质方面，甚至于服装，均在他所考察的范围内。

他所著的 *Thoughts* 一书被译成法文,此书恐已为白衣士罗伯所及知。白氏是一位剧学家,以曾参与创立法兰西学院为人所知。忆一六三五年二月二十六日此学院既成,他即刻当着那些集众讲出一段议论,猛烈的恶口的攻击 Homer,这一段议论在法兰西煽起了争论,并且引起特别的注意。Homer 自经塔桑尼攻击以后,成了崇今派集矢的特别鹄的。他们以为,假如他们不信任 Homer 的主张能够贯彻,他们便可以得到胜利。

当文艺复兴的时期,希腊人、罗马人的权威在思想界极其优越。为便于促进自由的发展,此权威非大加削弱不可。倍根及其他诸人,已竟开始了此种伟大的运动,以期廓清摧陷此等虐力。但是笛卡儿的影响愈益严重,愈益坚决,他的态度愈趋于不易调和的程度,他没有一点像倍根的对于古典文学的尊敬,他颇以忘却幼年时曾经学过的希腊文自夸,他的著作的感化力,乃在对于过去严格的完全的打断,并一个完全不借重于古人的组织观念的系统。他在自己的方法、自己的发明的基础上,期望将来知识上的进展,从而他认知这个智力的进展,将有很远的效果及于人类的境遇。他最初名他的《方法论》以"一个可以提高人性到完全最高度的普遍科学的设计"。他视道德的物质的改进为对于哲学与科学的倚赖。

根据世界现今是较为高龄、较为成熟的见地，是认对古人独立的态度，已竟成了很流行的观念。倍根、笛卡儿并许多受笛派影响的人们都是这样。

巴士库儿是一位科学家而改信笛派的理想者，表示的尤其明显。他说，当那么多的世纪间，人类的全联续，应看作一个单独的人而不断的生存，不断的学问；在他的生活的每一阶段，此普遍的人，为他在从前的阶段曾经获得的知识所惠利，而他现在是在老年时期了。

对于责笛氏以对古代思想家不敬的人们，他曾为答辩，说他拒否他们的权威，便是还他们以模仿的敬礼，便是按照他们的精神，做比那些一味奴隶的随从他们的人们好得多。巴氏又说：待遇我们的古人，比他们所示以待其先辈者益加隆敬，待遇他们以一种他们值得受自我们的不可信的隆敬上，因他们未曾对那些在他们上享有同样利益的人们与以那样的看待。天下宁有比此还不公平的事么？

巴氏亦承认我们应该感念古人，因为我们在知识的增长上能优于他们。他们已达于一定的点，使我们能以最少的努力跻于最高的程位。所以我们自知我们立在较高的平面上，少艰难亦少荣誉。

最优越的崇今派便是那些同化于笛派理想的人们。白衣士罗伯的议论出世后好些年，圣骚林又起来作崇今派的战士。那时他已成了一个梦想派的基督教徒,这也是他痛恨古人的一个理由。他和白衣士罗伯同是劣下的诗人。他说基督教的历史贡给些文辞,比那些曾为Homer及Sophocles(希腊悲剧诗人)所论的,很可以感动一个诗人。他有几首诗是战胜Homer的示威运动。约在同时,在英兰亦有一首叙事诗响应圣骚林的争论。

圣骚林已略知此问题含有更广的范围。他说:古代不是那样的快乐,那样的有学问,那样的富裕,那样的堂皇,如同现代一样;现代实是成熟的老年,正如他是世界的秋,得有所有过去世纪的果实与战利品,并有力以判断先辈的发明经验与错误而利用之;古代的世界,是个只有少许的花的春。固然,"自然"在一切时代都产生完全的事业,但他(自然)关于人的创造却不是这样,这必须要改正;那些生于最近时的人们,在幸福与知识上,必超过以前的人。他的话里含有两个要点。一为自然力永在的断言,一为现代比古代有益,正如老年之于幼稚一样的观念。这是倍根诸人所曾经论过的。

圣骚林拥护今人的挑战引起了白衣卢拥护古人的迎敌。圣骚林濒死之前,很郑重的以为今人战的责任托之于一位青年,此位青年名叫帕劳耳,即此可以看出今古的争论如何激烈了。

路易十四王朝时的法兰西,一般的气压很于崇今派有利。人们觉着那是一个伟大的时代,可与罗马帝国最初的皇帝奥加士大的时代比美的,没有什么人发出"我生不辰"的叹声。他们的文学的艺术家,若 Corneille、若 Racine、若 Moliére 合于他们的嗜性那样的强烈,所以除了第一位,他们不愿给他们以别的等位,他们不耐听那希腊人、罗马人进到不能达到的优越的断言。Moliére 说:"古人毕竟是古人,我们是现今的人。"这可以表示当时一般的感情了。

一六八七年帕劳耳以《路易大王的时代》的名称印行他的诗歌。现代的启蒙优于古代是他的论旨。

帕氏对于古人取比圣骚林更为有礼的态度,而其批评论尤巧。他说,希腊罗马的天才在他们自己的时代都很好,或者可以使我们祖先崇为神圣,但在现今,柏拉图宁觉可厌了;而那不能模仿的 Homer,设若生于路易大王的朝代,当能作更好的叙事诗。在帕氏诗中,有确认自然的永远势力在每一时代产生同等才能的人的语句。

《路易大王的时代》是一个简短的信仰宣言。帕氏接续着又发表一篇彻底的著作,就是《古人与今人的比较》,是在一六八八——一六九六年间以四部分出现的,艺术、雄辩、诗歌、科学及他们的实际的应用,都详加讨论了。他以二人对话的形式发表这个讨论,这对话的人们,一为热心拥护现代的战士,他作崇今的论战;一为拥护古代的献身者,他是一个明知难以否认他的反对者的议论,犹且顽强的固执他自己的见解。

帕氏认知识与时间经验以俱展,完全不是必须伴随古代的;最近的来者承袭了他们先辈的基业,而加上他们自己的新获得。

这后人较善、来者胜今的前提,似与一个明显的历史事实不相容:在知识上、艺术上,我们优于黑暗时代的人们,这固当承认,但你能说第十世纪的人们是优于希腊人与罗马人们么?塔桑尼已经涉及此问题,帕氏答此问题曰:"一定不能",因为联续中常有断裂的原故;科学与艺术同于河流,他的进路的一部潜流于地下,忽而开发奔流,向前跳跃,其丰沃与在地下跳跃一样。譬如长期的战争,可以迫制人们蔑视学问,把所有他们的元气都掷于自保的益觉迫切的必要,一个无知的时期可以延续,但随着平和与福祚,知识与发明,将重行开始为进一步的发展。

他不主张今人在才能上或脑力上有何优越,在"路易大王的时代"中,他确认自然不朽的原则,自然犹且产生像他曾生过的人们一样伟大的人,但他不能产生更伟大的人,非洲沙漠的狮子,他的狞猛,在我们今日并与在亚历山大大王时代没有什么区别。一切时代,最善的人在气力上是平等的,但他们的功业与作品是不平等的,若与以同等的势便的情形,最近的是最好的,因为科学与艺术,都靠知识的积聚,知识必然的与时俱增。

但此论能用之于诗歌与文学的艺术么?诗歌与文学的艺术界,是交战者(帕氏亦包在内)最有兴味的范域。此可证明现代能产生些诗家文学家,其优越不亚于古昔先师,但此能证明他们的事业一定超于古人么?此驳论逼得帕氏不得脱逃,而帕氏答复则颇巧妙:娱人心情是诗歌与雄辩的职分,而欲有以娱之,必先有以知之,是否洞察人心的奥秘比洞察自然的奥秘较为容易么?或者洞察人心的奥秘费时较少么?关于人心的情感与念望常作出些新发见,只以 Corneille 的悲剧而论,你在那里可以寻得比古代书籍的更微妙更细致的关于野心仇怨与嫉妒的映绘。在他的“比较论”的结尾,他宣言今人的普通的优越的时候,他为维持平和起见,论到诗歌与雄辩,暂作一个保留。

帕氏的讨论,陷于缺乏体现完全的进步的观念,他不止专注意知识上的进步,但他不注意将来,对于将来,没有什么兴味,他受最近的过去知识上的发展感印甚深,故他几不能悬想再有更益向前的进步。他说:“试读英法的报章而一察那些王国的学院的出版,将使你信最近二十年或三十年内在自然科学界作出的发明,比遍有学问的古代的全期都多,我自己很想知道我们所享的幸福，考查所有过去的时代，在那里我们可以看见一切事物的生长与进步，在我们的时代，没有一种事物没有受过一个新的增加与光荣的；我们的时代，在有些种类上曾达到完全的绝顶，从有些年间以后，进步率很迟，想到差不多没有很多的事物可以使我们妒羡将来的时代是很可喜的。”

对于将来的冷淡，即是关于将来的怀疑，是上述语句的注释，而与世界已达于他的衰老时期的观念相合，故吾言帕氏的知识进步的观念，尚不完全。

于法兰西以外，英国亦忽然起了今古的论战。

一个神学家名叫黑克威尔刊行了一本六百页的书，以诘责当时普通的错误——宇宙衰朽的错误。他并他那呼吸在十六世纪气压下的书，全为人所忘却，他虽刊行了三版，而除些神学家外，难能引起多人的注意。著者的目的，在证明在世界的政府里，上帝的权威与天命。这与当时流行的见解不相容，当时流行的见解，就是物质的宇宙、天体、原子，均渐趋于衰朽，并那人于物质的、精神的、道德的各方面，正在退落的见解。他的议论多获益于读鲍丹、倍根诸人的书，可见他们的思想已经激动神学家的精神了。

一个今古间的比较起于衰朽说的拒驳，与自然力确固的问题起于今古间的比较，一样是自然的结果。黑氏反对过分的推奖古代，正为此说可以助世界衰朽说张目。他所讨论的范围，比法国争论者的较广，他所争论的范围，不止含有科学、艺术与文学，并及物质与道德。他求所以证明精神上物质上没有衰朽，并那现代基督教国的道德，大优于异教时代的那些国家，基于基督教有社会的进步，在艺术上知识上亦有发展。

黑氏亦如塔桑尼研考一切艺术与科学，断定今人在诗歌上与古人相等，其他诸事，亦都能超越古人。

他认退落说可以腐痺人的元气，世界普遍衰朽论，销沉了人的希望，钝滞了人的努力的锐利。他的言外的意思，是改良世界的努力，为我们对于后人所该尽的义务。

他说：“于是我们不要为世界定命的衰朽的虚影所阻拦，以使我们既不后顾那些可敬的先辈的楷模，又不向前预为后人谋。如我们先辈有价值的预为我们谋者，使我们的子若孙，亦以预为之谋者颂祝吾辈。如何的世代将以延续于我们，尚未确定，亦如未来的世代之在前世之于那些先辈一样。”

黑氏想他生在世界的末年，但他不能延长多久，是一未决的问题，但他有一个考虑可以慰安他自己并读者，就是世界的终结，尚未临近。

自然不衰朽，人类不退落，固可确认了，但那世界的终结，不依自然法，并那人类文化的发长，任在何顷均可为神的命令所斩断的学说，其足以销沉人的希望，钝滞人的努力的锐利的影响，亦并不小。

黑氏持论的意义，在把阻碍进步学说的退落说，弄成一个特别研究的问题。他的书揭明此说与关于今古争论间的密切关系，不能说他与鲍丹、倍根诸子关于文明进步的理论有所增益。他所企图的历史的普通综合法，全与他们的相等。他说明知识艺术的历史与此外一切事务，如同纵览一种循环的进步，他说他们都有一个发生、滋长、繁荣、废落与萎谢，于是经过一个时期后，又有一个复苏与再兴，以此进步的方法，学问的光明，由一民族传到别一民族，由东洋而希腊，由希腊而罗马，既已为蛮人所不见者千有余岁，而又为 Petrarch 及其当代人所复活。黑氏所陈循环进步的观念，颇与倍根所指摘的循环说相近。

倍根及十七世纪的思想家，自限其过去进步的观察于知的范围内，而黑氏对于古代的仪容道德，不惮与以攻击，能预见这社会的进步较大的问题。这个问题，是必要来到十八世纪阵头的。这是黑说值得我们注意的点。

黑氏的书出世以后，我们又得到格兰威尔所著的《加的过度》，又称《亚里士多德时代后知识的发展》。

此书于一六六八年出版,宗旨在拥护成立未久的“皇家学会”。该会在当时颇受攻击,谓为有害于宗教及真实学问的兴趣。格氏愤古典派对于皇家学会的压迫,乃起而树拥护的旗帜。他说他对于无名的罗盘针的发明者的感佩,比对于一千个亚历山大与恺撒、一万个亚里士多德的感佩还深且多。在这几句话里,可以看见他的精神了。

他说皇家学会的职分,就是企图人类的设计,置在自然的最深底蕴那样低,达到宇宙最上层那样高,扩张到广大世界的一切变化,目的在普遍人类的惠利。那样一种事业,只能以不能知觉的度数,慢慢的进行。这是一个累代的人均与有关的事业,我们自己的时代,只能希望作一点点,以移去些无用的片屑,预备些材料,安排些东西,以备建筑。我们定须寻求与搜集,观察与考验,为将来的时代预储一个积聚。

神学的考虑,曾经重压过黑氏的思想,而格氏则显然未为所困惑。看了二人的不同,便可以看出这四十年间世界进行的经路了。

斯普拉特是一个牧师,他于格氏的书出世以前不久,出版一本《皇家学会史》。他认科学可以扩张于世界,此事全靠西方文化扩张其地域,基督教国的文化亦可扩到其他文化国及半开化国,他希望将来的改宗者,可以有青出于蓝的优越，希腊人胜过他们东方的先师，现代欧人从罗马人承受了光明，而幸福繁昌，倍于古人所遗留于他们的。

皇家学会建立于一六六〇年，科学院建立于一六六六年，使物质的科学，在伦敦与巴黎很流行。各阶级，都为此流行的情感所激起，若骑士，若圆颅党，若牧师，若清教徒，都联合起来，若神学家，若法律家，若政治家，若贵族，若世爵，都夸扬倍根哲学的胜利，倍根播的种子，终竟成熟了。那些建立与赞美皇家学会的人们，对倍根有完全的信用。考雷上皇家学会的赞歌，可以名为赞扬倍根的赞歌，亦可以说是人类的精神，由权威的束制解放的圣歌。

我们很高兴的写这一篇崇今派荣誉的战史，我们很感谢崇今派暗示给我们的乐天努力的历史观人生观，我们不要学着唱那怀古派“前不见古人，后不见来者，念天地之悠悠，独怆然而涕下”的诗歌，应该朗诵着耶马孙的名言：“你若爱千古，你当爱现在，昨日不能唤回，明日还不确实，你能确有把握的，就是今日，今日一天，当明日两天”，为今人奋力，为来者前驱。

“今”与“古”(二)*

我今天所讲的题目，是今与古。今是现在，古是过去的时代。我们现在把今与古来对讲，是要考查现在的人与古来的人有什么不同之点？现在的人与古来的人有什么关系？这些问题，对于我们生活很是重要，所以来大略说一说。有人在文章上发表他的意思，常说：“世道人心，今不如昔”；“人心不古”；“现在的风俗道德人心，不如古来的风俗道德人心”。讲这些话的人，大半都是“前辈”、“长者”。他不满意于青年，也不满意现在的一般人，于是发为感叹，而动其怀古的思想。但是我们想想，是不是今人真不如古人？是不是发这样感想的人错误？这是个很有趣味的问题。

我们先考究他们所以怀古的原因：

(一) 发此种感想的人，对于现在的人心，风俗，政

* 本文为李大钊在北京孔德学校的讲演，由吴前模、王淑周笔录，1922年1月8日发表在《晨报》副刊上，署名李守常。——编者注

治,道德,都不满意,感觉苦痛。因而厌倦现在,认现在都是黑暗的,没有光明的。这种厌倦现在的感想,并不是坏的感想,因为有了这种感想,对于各种事务,才都希望改进。有了希望改进的思想,才能向前进步,才能创造将来。若是不满意现在,而欲退回,把现在的世界回到百年千年以至万年前的世界,这不光是观念错误,并且是绝对不可能的事。这是伤时之人厌恶现在,而触动他怀旧之心的一个原因。

(二)人大半是羡慕古人之心太盛,如古人在当时不过是一斤八两的分量,到现在人看来就有了千斤万斤的分量,这是受时间距离太远的影响,因而在心理上发生一种暗示,这种暗示可以把古人变成过于实在的伟大,如同拿显微镜看物一样。例如火在人类史上有极大的关系,因自有火的发明,而人类生活遂发生很大的变动;又如农业,也是人类史上一个很大的发明。不过火同农业的发明,是社会的进化,并不是所谓神农燧人一二人的功德。而旧史却不认为是社会的进步,而认为是少数神圣的发明,这是年代距离太远,传闻失实所致。又如黄帝,古代有无其人,尚不敢必,但是世人尊敬他的心,比他本人值得我们尊敬他的分量,高的多多。又如某校请一位本国教员,并不见得学生怎样信仰,怎样欢迎,要请一位有与本国教员同等学问的外国教员,就非常的尊敬欢迎，就是出洋留学的，也觉得比不出洋留学的好些。谚云“远来的和尚会念经”，这是普通的心理。推想起来，这又是因为受了空间距离太远的影响。过分的崇敬古人，其理亦与此同。我们的子孙对于我们，或现在一般的人，所发生的尊崇心，是我们想不到的高厚，也未可知。

（三）社会进化，是循环的，历史的演进，常是一盛一衰，一治一乱，一起一落。人若生当衰落时代，每易回思过去的昌明。其实人类历史演进，一盛之后，有一衰，一衰之后，尚可复盛，一起之后，有一落，一落之后，尚可复起。而且一盛一衰，一起一落之中，已经含着进步，如螺旋式的循环。世运每由昌明时代，转为衰落时代，甚而至于澌灭。因而许多人以为今不如昔，就发生怀古的思想，那里知道衰落之后，还有将来的昌明哩！

（四）随着家族制度，发生崇祀祖先的思想，也可以引起崇拜古人的观念。故崇拜祖先的礼俗，亦是使人发生怀古思想的一个原因。

（五）现在也有不如古来的，如艺术。艺术乃是有创造天才的人所造成的，艺术不分新旧，反有历时愈久，而愈见其好者，因此也可以使人发生怀古的观念。

怀古的思想，多发生于老年人之脑际，青年人正与相反。一派以为今不如古，总打算恢复三代以上的文物制度，一派以为古不如今，因此在学术史上就发生了争论。在十七世纪初期文艺复兴后，法兰西、意大利就有今古之争，于文艺（诗歌文学）上，此争尤烈。崇古派则崇拜荷马，崇今派则攻击荷马。这种争论，大众以为不过是文学上的枝叶问题。自孔德出，才以为这种争论，不光是在文学上如此，各种知识，都不能免，才把这种争论的关系，看得很大。这种争论，起于意大利，传至法兰西、英吉利，前后凡百余年。

在历史学上进化退化的问题亦成争论。崇古派主张黄金时代说，以为人类初有历史的时期，叫做黄金时代，以后逐渐退落，而为银时代，铜时代，铁时代，世道人心，如江河之日下云云者以此。崇今派以为古代没有黄金时代，古时的人，几同禽兽，没有什么好的可说。现在是由那种状态慢慢地进化而来的，如有黄金时代，亦必在将来。现在或是银的时代，过去的时代，不过是铁时代，铜时代罢了。其说正与崇古派相反。布丹说："崇古派说古来是黄金时代，全然错误；他们所说的黄金时代，还不如他们所说的铁时代的现在；假使他们所说的黄金时代，可以召唤回来，和现在比一比，那个时代，反倒是铁，现在反倒是金亦未可知。"中国唐虞时代，今人犹称羡不置，一般崇古的人，总是怀想黄、农、虞、夏、文、武、周、孔之盛世。但此是伪造，亦与西洋所谓黄金时代相同。他们已经打破黄金时代之说,我们也须把中国伪造的黄金时代说打破,才能创造将来,力图进步。这全靠我们的努力,这个责任我们都要负着。在中国古书里面,亦可以寻出许多今古的比论,如“后生可畏,焉知来者之不如今也。”其语气在古代,似有新的意味,且近似进化说。《书经》上说:“人惟求旧,器非求旧,惟新。”这又是人是旧的好,器是新的好的意思。

中国人怀古的思想,比西洋人怀古的思想还要盛。因为西洋科学早已发明。科学是在自然界中找出一定的法则,有如何的因,便有如何的果。他们能用科学方法证其因果,又能就古来的,而发明古来所未有的。这样,古人的发明,都有明了的法则,都遗留给后人,而今人却能于古人的发明以外,用科学方法有所新发明。中国科学不发达,古人遗留下的多是艺术的,创造全靠个人特有的天才,非他人所能及。故中国人崇古的思想,格外的发达,中国人对于古人格外仰慕,对于古人的艺术格外爱恋。

怀古思想发生之原因,及中外怀古思想不同之点,既如上述。现在我发表我对于这种思想的批评。

古代自有古代相当之价值,但古虽好,也包含于今之内。人的生活,是不断的生命(连续的生活)。由古而今,是一线串联的一个大生命。我们看古是旧,将来看今也是古，刚才说的话，移时便成过去；便是现在，也是一个假定的名词。古人所创造的东西，都在今人生活之中包藏着，我们不要想他。例如现在的衣服，其形式材料，及制造的方法，极其精致，古来次第发明的痕迹，都已包藏在内。像古人所取以蔽体御寒的树叶兽皮，我们又何必去怀想他！

黄金时代说是错误的，因为人与自然有关系，如太阳光、空气等等。人离开自然，就不能生活。古时的自然产生孔子那样的伟人，现在的自然，在今又何尝不能生？古代生的人，如何能说是万世师表！崇古派所认为黄金时代产生之人，现在也可以产生出来，我们不必去怀古。怀古的思想，固可打破，但我们不能不以现在为阶梯，而向前追求，决不能认现在为天国。当时时有不满意现在的思想，厌倦现在的思想。有了这种思想，再求所以改进之方，如现在中国国势糟到此等地步，我们须要改造，不要学张勋因怀古而复辟，要拿新的来改造。他们是想过去的，我们只是想将来的。历史是人创造的，古时是古人创造的，今世是今人创造的。古时的艺术，固不为坏，但是我们也可以创造我们的艺术。古人的艺术，是以古人特有的天才创造的，固有我们不能及的地方，但我们凭我们的天才创造的艺术，古人也不见得能赶上。古人有古人的艺术,我们有我们的艺术。要知道历史是循环不断的,我们承古人的生活,而我们的子孙,再接续我们的生活。我们要利用现在的生活,而加创造,使后世子孙得有黄金时代,这是我们的责任。

史学与哲学*

今日所要和诸位商榷的，是史学及文学与哲学的关系。主体是讲史学。凡一种学问必于实际有用处，文学、史学都是如此。但是用处是多方面的，得到了一种知识，以此知识为根据去解决一种问题是用处；以所有的学识，成一著作与学术界相商榷以期到一个是处，也是用处。但是最要紧的用处，是用他来助我们人生的修养，却有极大的关系。人们要过优美的高尚的生活，必须要有内心的修养。史学、哲学、文学都于人生有密切的关系，并且有他们的好处。从不同的研究，可以得到同的结果，与我们以不同的修养。哲学、文学，在我国从前已甚发达。史则中国虽有史书甚多，而史学却不发达，这不但中国为然，外国也是如此。因为史学正在幼稚时代，进步甚慢。但他于人生有极大影响，我们不但要研究他，且当替他宣传，引起人们研究的兴味，以促史

---

* 本文1923年4月17—19日发表于天津《新民意报》副刊。——编者注

学的进步。

一、历史一辞的意义

说文解字说,史是记事的人(即是书记官),史字从中从又,中是中正的意思。文字学家说:又字是象形字,中字不是中正的中,乃是册的象形字。史学有书役的义,即指掌记事者而言。日本训“史”字有フヒト,以之为归化的人而专从事于文笔的事者的姓。此“史”字遂有辗转而有记录的意思。英语称历史为 History,法语为 Histoire,意语为 Storia,皆由希腊语及拉丁语从 Historia 而起,本意为“问而知之”,把“问而知之”的结果写出来,即为记录,即是 History。德语称历史为 Geschichte,荷兰语为 Geschiedenis,原皆指发生的事件或偶然的事变而言。各国文字的本义都不相同,今日使用的意义也复各异,所以发生了混乱错杂的见解了。

我们日常泛言历史,其涵义约有三种:(一)譬如说吾汉族有世无与比的历史,这并不指记录而说,乃指民族的经历或发展的过程,所以四千年的历史一语,可以说是文化进化的代名字;(二)又如说吾国无一可观的历史,其意乃指见识高远,文笔优美的历史书籍而言;(三)

又如问一友人以君所专攻的科目是什么?答云历史。此历史二字,乃指一种科学的学问而言。中国并不没有普通的记录,而专攻历史,以历史为一门科学的,却是没有。我们现在所要讨论的,就是成为一种科学的历史究是什么。

二、历史的定义

关于历史的定义,史家不一其辞。因为各人目光不同,定义也因此各异,而现在史学又不十分发达,所以完全妥当的定义,竟是没有。今且举出几个定义中,我们或者能得到一个史学的概念。

Felint 的史的定义

弗氏谓历史学即是历史哲学。他说:“历史哲学,不是一个从历史事实分出来的东西。乃是一个包蕴在历史事实里边的东西。一个人愈能深喻历史事实的意义,他愈能深喻历史哲学。而于历史哲学,也愈能深喻于其神智。因为历史哲学,只是些历史事实的真实性质与根本关系的意义,合理的解释、知识罢了。”这里他所说的历史哲学，史学也包括在内。

Lamprecht 的史的定义

郎氏在他的《什么是历史》一书中说："史事本体无他，即是应用心理学。历史乃是社会心理学的科学。"

Van Loon 氏的史的定义

万龙氏作有《人类史》一书。他的序文中有几句警语："最善的点，乃在环绕吾们的光荣的过去的大观，当我们返于我们日常的事业的时候，与吾们以新鲜的勇气，以临将来的问题。"

又说："历史是经验的伟大楼阁，这是时间在过去世代的无终界域中建造的。达到这个古代建筑物的屋顶，并且得到那全部光荣的利益，不是一件容易的事。除非青年的足是健强的，这事才能做到。此外绝无人能登临。"

内田银藏博士的史学的要义

内田银藏博士是日本的史学者，他说史学有三要义。

（一）随着时间的经过，人事进化不已。研究历史，当就其经过的行程而为考察。社会一天一天不断的发达进化，人事也一天一天不断的推移进行。就其发达进化的状态，就是就其不静止而移动的过程，以遂行考察，乃是今日史学的第一要义。

（二）当就实际所起的情形，一一搜察其证据。考察历史，须不驰空想，不逞臆测，应就现实发生的事例，依严密的调查考察，证据的手段，以究明人事的发展进化。这是历史的研究的特色。

（三）不把人事认作零零碎碎的东西去考察他，应该认作为有因果的，连锁的东西去考察他。

现在的历史的研究，不能单以考察片段的事实为能事。须把人事看做整个的来研究，就其互相连锁的地方去考察他，以期能够明白事实与事实间相互的影响和感应，——即是因果。但零碎的事实，也很要紧的。没有零碎，便没有整个。所以当就一个一个的零碎为基础，而后当做一个整个的而观察他的因果的关系。不过此一个一个事实，必须考查精确。假使是假的，差误的，那么由此而生的整个，也靠不住了。但太致力于烦琐的末节，而遗其大端，那也是不足取的。

梁任公氏的史学定义

最近梁任公氏著有《中国历史研究法》一书，在那本书里所下的史的定义是："记述人类社会赓续活动的体相，校其总成绩求得其因果关系，以为现代一般人活动资鉴的是史。"

以上所举的，不过是供吾人参考的资料。我甚希望诸位参考诸家的说，自己为史学下一个比较的完全确切的定义。

三、史学与哲学及文学的关系

讲到史学与哲学文学的关系，最好把倍根的分类先来参考一下。关于人生的学问，本不能严格的分开，使他们老死不相往来的，因为人生是整个的。但现在为分工起见，所以不得不分成多种专门的学，以求深造。但学问虽贵乎专，却尤贵乎通。科学过重分类，便有隔阂难通之弊。所以虽然专门研究，同时相互的关系，也应知道。专而不进，也非常危险，尤以关于人生的学问为然。史学和哲学、文学的来源是相同的，都导源于古代的神话和传说。虽然我们分工之后,同源而分流,但也一样可以帮助我们为人生的修养,所以也可以说是殊途而同归的。

倍根的分类,见于他所著的 *Advancement of Learning*(1605)及以拉丁文著的 *The Dignity and Advancement of Learning*(1623),这二书都是讲当时的思想的发展的。在此二书中,他把学问分为三大类:(一)历史;(二)诗;(三)哲学。这是按照心的能力而分的。因为心的能力也有三:(一)记忆;(二)想象;(三)理性。记忆所产生的是史,想象所产生的是诗,理性所产生的是哲学。这个分类,在今日看来,是不完全的。因为他只是指他那时代的学问状况而说的。但我们正好借用他的分类,说明史学、文学、哲学三者的关系的密切。

他把历史分为自然史、人事史,而人事史又分为宗教史、文学史等。

哲学也分为三类:(一)关于神明的;(二)关于自然的;(三)关于人的。哲学二字的意义,也与现在不同。他所说的哲学,是穷理的意思,此外又有第一根源的哲学,包括三部的本源的普遍的学问。

诗也不是专指诗歌而言,凡想象假作而叙事的文学都是,不必定为韵文。

诗与史的关系是很密切的。要考察希腊古代的历史,必须读荷马的史诗。因为他的诗中包蕴很多的史料。孟子说:“王者之迹熄而诗亡,诗亡然后《春秋》作。”《春秋》是史,他说诗亡而后《春秋》作,也可见史与诗间人有关系。即如《诗经》一书,虽是古诗,却也有许多许多的史料在内。要研究中国古代诗,不能不把此书当作重要的参考书。

郎氏 Lamprecht 谓:“史有二方面:(一)取自然主义的形式的——谱系;(二)取理想主义的形式的——英雄诗。谱系进而成为编年史,英雄诗进而成为传记。”这都可证明诗与史的关系密切了。

哲学与史的关系的密切,也很容易证明。譬如老子是哲学家,但他也是个史学家。因为他是周的史官。班志说:道家出于史官。可见哲学与史学也是相通的。

倍根之后,孔德、斯宾塞、冯德诸家,各有另立的分类。不过倍根的分类,与我们以特别有关系的材料,所以借来作史学、哲学、文学的关系的证明。

四、历史与历史学的关系

以历史为中心,史学可分二部:记述历史;历史理论。

记述的历史的目的,是欲确定各个零碎的历史事实,而以活现的手段描写出来,这是艺术的工作。历史理论的目的,是在把已经考察确定的零碎事实合而观之,以研究其间的因果关系的,这乃是科学的工作。

此外又有历史哲学一项,但从系统上讲起来,宜放置哲学分类之下。

五、哲学与史学的接触点

哲学与历史相接触点有三,即是:哲学史;哲理的历史;历史哲学。

哲学史是以哲学为研究的对象,用历史的方法去考察他,其性质宜列入哲学系统中。哲理的历史,是用哲理的眼光去写历史,是属于史的性质的,但太嫌空虚。历史哲学是哲学的一部分,哲学是于科学所不能之处,去考察宇宙一切现象的根本原理。历史事实是宇宙现象的一部分,所以亦是史学所研究的对象的一部分。

六、哲学与史学的关系

哲学仿佛是各种科学的宗邦，各种科学是逐渐由哲学分出来的独立国。哲学的领域，虽然一天一天的狭小，而宗邦的权威仍在哲学。

科学之所穷，即哲学之所始。两者的性质上区别虽经确立，不容相混了，然而两者的界限，却并未如长江大河为之截然分界。二者之间有一中区，譬如历史与哲学虽各有领域，而历史哲学，便处于二者之间，不能说完全属诸史学，也不能完全属诸哲学。

立在史学上以考察其与哲学的关系，约有四端：

（一）哲学亦为史学所研究的一种对象，史学的对象，系人生与为人生的产物的文化。文化是多方面的，哲学亦其一部分。所以哲学也为史学家所认为当研究的一种对象。

（二）历史观。史学家的历史观，每渊源于哲学。社会现象，史学家可以拿自己的历史观来考察之、解释之。譬如现在的女权运动和打破大家庭的运动，是从什么地方来的，都可以一种历史观察之。马克思的唯物史观，是历史观的一种。他以为社会上，历史上，种种现象之所以发生,其原动力皆在于经济。所以以经济为主点,可以解释此种现象。此外桑西门有知识的史观,以为知识可以决定宗教,宗教可以决定政治。此外还有宗教的史观、算术的史观等等。或谓史学家不应有历史观,应当虚怀若谷的去研究,不可有了偏见或成见,以历史附合己说,才可算是好史学家。或者说史学家应有历史观,然后才有准绳去处置史料,不然便如迷离漂荡于洋海之中,茫无把握,很难寻出头绪来,这话是很对的。史学家当有一种历史观,而且自然的有一种历史观。不过不要采了个偏的,差的历史观罢了。

马克思的唯物史观,很受海格尔的辩证法的影响,就是历史观是从哲学思想来的证明。

(三)就历史事实,而欲阐明一般的原理,便不得不借重于哲学。

(四)史学研究法,与一般理论学或知识哲学,有密切关系。

现在再从哲学方面来考察他与史学的关系:

(一)历史是宇宙的一部分,哲学是研究宇宙一切现象的,所以历史事实亦属于哲学所当考量的对象之中。

(二)人生哲学或历史学,尤须以史学所研究的结果为基础。

（三）哲学可在旁的学问中，得到观察的方法和考量的方法。所以哲学也可以由历史的研究，得到他的观察法和考量法，以之应用到哲学上去。

（四）要知哲学和一般社会及人文的状态的关系，于未研究哲学之先，必先研究时代的背景，及一般时代的人文的状况。所以虽研究哲学，也必以一般史识为要。

（五）研究某哲学家的学说，必须研究某哲学家的传记。

（六）哲学史亦是一种历史的研究，故亦须用历史研究法的研究以研究哲学史。

历史哲学，是研究历史的根本问题的，如人类生活究竟是什么？人类的行动，是有预定轨道的，还有人生是作梦一般的？我们所认为历史事实的是真的呢，还是空虚的？人类背后究竟有根本大法操持一切的呢？还是历史上，种种事实都是无意义的流转，譬彼舟流不知所届呢？人类自有史以来，是进步的，还是退化的？人类进化果然是于不知不识中向一定的方向进行呢，还是茫无定向呢？国家民族的命运及其兴衰荣枯，是人造的，还是人们无能为力的？种种事实，纷纭错杂，究竟有没有根本原理在那里支配？这都是历史哲学的事。因为用科学的方法去研究，只能到一定的程度为止。科学所不及的，都是哲学的事了。

七、史学、文学、哲学与人生修养的关系

我们要研究学问，不是以学问去赚钱，去维持生活的，乃是为人生修养上有所受用。文学可以启发我们感情。所以说，诗可以兴，可以怨。文学是可以发扬民族和社会的感情的。哲学于人生关系也切。人们每被许多琐屑细小的事压住了，不能达观。这于人生给了很多的苦痛，哲学可以帮助我们得到一个注意于远大的观念。从琐屑的事件中解放出来，这于人生修养上有益。史学于人生的关系，可以分知识方面与感情方面二部去说。从情感方面说：史与诗（文学）有相同之用处，如读史读到古人当危急存亡之秋，能够激昂慷慨，不论他自己是文人武人，慨然出来，拯民救国，我们的感情，都被他激发鼓动了，不由的感奋兴起，把这种扶持国家民族的危亡的大任放在自己的肩头。这是关于感情的。其关于知识方面的，就是我们读史，可以得到一种观察世务的方法，并可以加增认知事实和判断事实的力量。人名地名，是不甚要紧的，能够记得也好，不记得也不妨事的。二者帮助人生的修养，不但是殊途同归，抑且是相

辅为用。史学教我们踏实审慎,文学教我们发扬蹈厉。

此外历史观与人生观亦有密切的关系。哲学教我们扼要达观,二者交相为用,可以使我们精神上得一种平均的调和的训练与修养,自马克思经济的历史观把古时崇拜英雄圣贤的观念打破了不少。他给了我们一种新的人生观,使我们知道社会的进步不是靠少数的圣贤豪杰的,乃是靠一般人的。而英雄也不过是时代的产物,我们的新时代,全靠我们自己努力去创造。有了这种新的历史观,便可以得到一种新的人生观。前人以为人们只靠天、靠圣贤豪杰,因此不见圣贤出来,便要发出"前不见古人,后不见来者。念天地之悠悠,独怆然而涕下"的叹声;因此生逢衰乱的时代,便发出"昊天不吊"或"我生不辰"的叹声。在此等叹声中,可以寻知那听天认命的历史观影响于人们的人生观怎样大了。现在人们把历史观改变了,这种悲观、任命、消极、听天的人生观,也自然跟着去掉,而此新的历史观却给我们新鲜的勇气,给我们乐观迈进的人生观。

从前的历史观,使人迷信人类是一天一天退化的,所以有崇古卑今的观念。中国如此,西洋亦然。他们谓黄金时代,一变而为银时代,更变而为铜时代、铁时代,这便是说世道人心江河日下了。这种黄金时代说,在十七世纪时为一班崇今派的战士攻击的中心。当时,今古的争论极烈，一方面说古的好，他方说今的好，倍根等都是赞成新的、崇尚今的。他们说：以前的圣贤的知识，并不如我们多，今世仍旧可以有要圣贤豪杰的。二相争甚烈，在法、意等派因都有极烈的争论。诗人的梦想多以前代过去的时代为黄金时代。中国的"采薇"、"获麟"诸歌和陶渊明一流的诗，都有怀思黄、农、虞、夏的感想。黄、农、虞、夏之世，便是中国人理想中的黄金时代。新历史家首当打破此种谬误的观念，而于现在、于将来努力去创造黄金时代。因为黄金时代，总是在我们的面前，不会在我们的背后。怀古派所梦寐回思的黄金时代，只是些草昧未开、洪荒未调的景象，没有什么使我们今人羡慕的理由。我们试一登临那位时先生在过去世代的无止境中，为我们建筑的一座经验的高楼，绝顶可以遍历环绕我们的光荣的过去的大观，凭着这些阶梯，我们不但可以认识现在，并且可以眺望将来。在那里，我们可以得到新鲜的勇气；在那里我们可以得到乐天迈进的人生观。这种愉快，这种幸福，只有靠那一班登临这座高楼的青年们，长驱迈进的健行不息，才能得到。这是史学的真趣味，这是研究史学的真利益。

研究历史的任务*

我们研究史学，第一先要研究的就是：什么是史？

在中国能找出许多关于史的材料来，什么《史记》咧、《汉书》咧、《三国志》、《资治通鉴》、《念四史》……在西洋也可以找出什么《罗马史》咧、《希腊史》咧等等的书。这类的书就是史吗？

这类的书，固然浩如烟海，但这不是史，而是供给吾人研究历史的材料。从前许多的旧历史学家，都认这是历史。其实这是研究历史的材料，而不是历史。历史是有生命的、活动的、进步的；不是死的、固定的。

吾人研究有生命的历史，有时须靠记录中的材料。但要知道这些陈编故纸以外，有有生命的历史，比如研究列宁，列宁是个活人，是有生命的。研究他，必须参考

---

* 本文是1923年10月李大钊在上海大学所作的学术演讲，后取名《史学概论》，1923年11月18日发表于《时事新报》副刊《学灯》，署名李守常。——编者注

关于列宁的书籍。但不能说关于列宁的书籍便是列宁。

明白了这点,那历史和历史材料的异点,便可以知其大概了。

我们再讲历史学的发展。历史学是起源于记录。英文的史字(History)是问而知道的意思;德文的史字(Geschichte)是事体的意思。发生事件而记录起来,这是史学的起源。

从前历史的内容,主要部分是政治、外交,而活动的事迹完全拿贵族当中心。所以福理曼(Freeman)说:过去的政治就是历史,历史就是政治。他把政治和历史认成一个,不会分离。

这样解释历史,未免失之狭隘。历史是有生命的,是全人类的生活,人类生活的全体,不单是政治,此外还有经济的、伦理的、宗教的、美术的种种生活。他说历史就是政治,其余如经济、宗教、伦理、美术的种种生活能说不算是人类的生活吗?可以把它们放在历史以外吗?

及后到了马克思,才把历史真正意义发明出来,我们可以从他的唯物史观的学说里看出。

他把人类生活作成一个整个的解释,这生活的整个便是文化。

生物学当然是研究生物的,植物学当然是研究植物的,人类历史也当然是研究人类的生活,生活的全体——文化的了。但文化是整个的，不可分离。譬如这座楼，可以分出楼顶、楼身和基础来。假使基础摇动，楼身、楼顶全得摇动。基础变更，楼身、楼顶也得跟着变更。文化是以经济作基础，他说有了这样的经济关系，才会产生这样的政治、宗教、伦理、美术等等的生活。假如经济一有变动，那些政治、宗教等等生活也随着变动了。假使有新的经济关系发生，那政治、宗教等等生活也跟着重新建筑了。

他不但发明文化是整个的，他并且把历史和社会的疆域分开。他说：人类的社会，按时间的，纵起来看是历史；按平面的、空间的，横起来看是社会。他又说历史是“社会的变革”。不但过去的历史是社会的变革，即是现在、将来，社会无一时不在变革中。因为历史是有生命的、活动的、进步的而不是一成不变的。历史的范围不但包括过去，并且包有现在和将来。

至于什么是历史学家的任务，希腊的历史学家后世称为“历史之父”的希罗陀德（Herodotus）已经告诉过我们：

一、应当整理记录，寻出真确的事实；

二、应当解释记录，寻出那些事实间的理法。

据此，历史学家的任务，是在故书篓中，于整理上，要找出真确的事实；于理解上要找出真理。但同是一个事实,人人的解释各异。比如实在的孔子过去了,而历史的孔子,甲与乙的解释不同,乙与丙的解释又不同,昔人与今人的解释又不同。人人解释既然不同,他整理以后,找出来自以为真确的事实,当然又不同了。

须知历史是有新鲜的生命的,是活动的、进步的,不但不怕改作和重作,并且还要吾人去改作重作。信手在我们中国历史里边找出几个例来看:

一、在中国历史神话期中,说我们的衣服器具有许多是半神的圣人,给我们在一个相距不远的时代一齐造出来的。这样记录,我和在座诸君在十年或二十年前或者都以为是真实的。现在我们若拿新的历史眼光来看,知道那些记录完全是荒谬的。现在借着科学的知识,发明一种新机器,也得费若干年月,在那蒙昧时代怎能这样迅速!

据人类学家,考察人类的起源,是因人从前有四条腿,和别的动物一样。女性的人,怕他的孩子被他兽残杀,乃习用其前足抱子而奔。人是这样渐渐的进化,才成了用手用胸用两足走路的动物。人类渐渐的站起来用足走路以后,腹部因蔽体的毛稀薄,感畏风寒,乃渐取树叶遮盖;后来旁的地方怕受风寒,也会想法去遮盖了。这就是衣服的起源,由树叶到衣服的进步更不知道经过了多少年月!

由茹毛饮血的生活而渐进于游牧的生活，由游牧的生活而进于畜牧生活，而进于农业生活，手工业的生活，机器工业的生活，这里边有很悠久的历史，并不会一时得到的。我们现在根据进化论去解释这些记录，比在数十年前的观念已大不同了。

二、中国古代的姓，如妫、姞、姬、姜等字，都从女旁，这些字何以都从女？前人的解释，多谓人因地而得姓。例如某某的母居姜水，故姓姜；某某的母居于妫水，故姓妫。但由我来解释，不是这样。我以为妫水、姜水的地方，是因人而得名的。因为有姓姜的在那里居住，所以名为姜水；有姓妫的在那里居住，所以名为妫水。姜、妫的姓都从女旁，是因为那个时候，是母权时期，所以子从母姓。我们再就社会的现状观察，姓张的村子，叫张家村，姓李的庄子，叫李家庄，都因所在的姓氏而得名，决不是因为住在张家村才姓张，住在李家庄才姓李的。那些妫水、姞水、姬水、姜水的名称，也因为古代的人好临水而居，那水也就各因其姓氏而得名了。

我们拿着新的历史眼光去观察数千年前的故书陈籍，的确可以得着新的见解，找出真确的事实。

三、就近二十年来河南所发现的古物，更可以断定旧日史书的虚伪。中国经济学上的名词多从貝，如貨字、買字、賈字等都从貝。按历史学家考察，最古的时期中经过一种靠貝为生活的时期。中国旧史的记录的:中国在太昊、神农时,已有金属铸造货币。但现在按河南发现的龟版文字,一为考察,那些上面所刻的字,并无从金边的字,而只有从貝的字。果然当时已是用金器时代,何以不能发现一个金字?

中国古书固然伪的很多,然在较为可靠的《书经》的《商书》篇亦是说:"具乃貝玉",当时貝玉并称,而不说具乃金玉。果然当时已有金属制造品,何以在殷代以前不发现一个"金"字?

到了后来《诗经》上才发现许多"金"字,往往"金"、"玉"并称,便有"金玉其相"一类的话了。

就此可断定,旧史所纪是虚伪的。在殷代以前,还是靠貝的生活,还是石器时代;殷代以后到了周朝,才入了铜器时代,才有金属的制造品了。

这样的例举不胜举,我们按这许多例,可以断定往日记录有许多错误,是可以改作重作的,是必须改作重作的。但是我们所改作的重作的,就敢断定是真实的、一成不变的吗?历史是有生命的,僵死陈腐的记录不能表现那活泼泼的生命,全靠我们后人有新的历史观念,去整理他,认识他。果然后人又有了新的理解、发明,我们现在所认为新的又成了错误的,也未可知。我们所认为真实的事实,和真理的见解并不是固定的,乃是比较的。

希腊历史学家格罗忒(Crote)出,又有人说,他的希腊史比希罗陀德的好,第一因为希氏缺乏批评精神;第二因为希氏喜欢什么,便注意什么真实。但我们要说公平,他所注意的未必是对,在希罗陀德时代,能够得到那样结果,已经很难的了。我们不能因见了格罗忒,便来菲薄希罗陀德。格罗忒的《希腊史》果然就是最完全的吗?这也不过是比较的真实的罢了。

所以历史是不怕重作改作的,不但不怕重作改作,而且要改作重作,推翻古人的前案,并不算什么事,故吾人应本新的眼光去改作旧历史。很希望有许多人起来,去干这种很有趣味的事,把那些旧材料旧记录,统通召集在新的知识面前,作一个判决书。

从前的孔子观念,是从前人的孔子观,不是我们的孔子观。他们的释迦观、耶稣观,亦是他们自己的释迦观、耶稣观,不是我们的释迦观、耶稣观。他们本着迷信为孔子、释迦、耶稣作传,辉皇孔子、释迦、耶稣为亘古仅有天纵的圣人,天生的儿子,说出许多怪诞不经的话。我们今日要为他们作传,必把这些神话一概删除。特别注重考察他们当时社会的背景与他们的哲学思想有若何关系等问题。历史原是有生命的,不是僵死的;原是进步的,不是固定的。我们本着新的眼光去不断的改作重作，的确是我们应取的途径了。

以上的话归结起来：记录是研究历史的材料。历史是整个的、有生命的、进步的东西；不是固定的、死的东西。历史学虽是发源于记录，而记录决不是历史。发明历史的真义的是马克思，指出吾人研究历史的任务的是希罗陀德。我们研究历史的任务是：

（一）整理事实，寻找它的真确的证据；

（二）理解事实，寻出它的进步的真理。

史 学 要 论*

一、什么是历史

吾人自束发受书，一听见"历史"这个名辞，便联想到《二十四史》，《二十一史》，《十七史》，《史记》，《紫阳纲目》，《资治通鉴》，乃至 Herodotus，Grote 诸人作的希腊史等等。以为这些便是中国人的历史，希腊人的历史。我们如欲研究中国史，希腊史，便要在这些东西上去研究；这些东西以外，更没有中国史希腊史了。但是历史这样东西，是人类生活的行程，是人类生活的联续，是人类生活的变迁，是人类生活的传演，是有生命的东西，是活的东西，是进步的东西，是发展的东西，是周流变动的东西；他不是些陈编，不是些故纸，不是僵石，不是枯骨，不是死的东西，不是印成呆板的

---

* 本文曾作为商务印书馆《百科小丛书》第 51 种，于 1924 年 5 月出版，署名李守常。——编者注

东西。我们所研究的，应该是活的历史，不是死的历史；活的历史，只能在人的生活里去得，不能在故纸堆里去寻。

不错，我们若想研究中国的历史，像那《史记》咧，《二十四史》咧，《紫阳纲目》咧，《资治通鉴》咧，乃至其他种种历史的纪录；都是很丰富，很重要的材料，必须要广搜，要精选，要确考，要整理。但是他们无论怎样重要，只能说是历史的纪录，是研究历史必要的材料；不能说他们就是历史。这些卷帙，册案，图表，典籍，全是这活的历史一部分的缩影，而不是这活的历史的本体。这活的历史，固屹然存在于这些故纸陈编的堆积以外，而有他的永续的生命。譬如我们要想研究中国，或是日本，固然要尽量搜集许多关于中国或日本的记载与著作，供我们研究的材料；但不能指某人所作的现代中国，说这就是中国；指某人所作的现代日本，说这就是日本。我们要想研究列宁，或是罗素，固然要尽量搜集许多关于列宁或罗素的记载与著作，供我们研究的资料；但不能指某人所作的列宁传，说这就是列宁；某人所作的罗素传，说这就是罗素。那记载中国或日本的事物的编册以外，俨然有个活的中国，活的日本在；那列宁或是罗素的传记以外，俨然有个活的列宁，活的罗素在。准此以推，许多死的纪录，典籍，表册，档案以外，亦俨然有个活的历史在。从前许多人为历史下定义,都是为历史的纪录下定义,不是为历史下定义;这种定义,只能告我们以什么构成历史的纪录,历史的典籍;不能告我们以什么是历史。我们当于此类纪录以外,另找真实的历史,生活的历史。

什么是活的历史,真的历史呢?简明一句话,历史就是人类的生活并为其产物的文化。因为人类的生活并为其产物的文化,是进步的,发展的,常常变动的;所以换一句话,亦可以说历史就是社会的变革。这样说来,把人类的生活整个的纵着去看,便是历史;横着去看,便是社会。历史与社会,同其内容,同其实质,只是观察的方面不同罢了。今欲把历史与社会的概念弄得明明白白,最好把马克思(Karl Marx)的历史观略述一述。马克思述他的历史观,常把历史和社会关联在一起;纵着看人间的变迁,便是历史;横着看人间的现在,便是社会。马克思的历史观,普通称为唯物史观,又称为经济的历史观。唯物史观的名称,乃是马克思的朋友,恩格斯(Engles),在一八七七年开始用的。在一八四八年的《共产党宣言》里,和在一八六七年出版的《资本论》第一卷里,都含着唯物史观的根本原理;而公式的发表出来,乃在一八五九年的经济学批评的序文。在此序文里,马克思似把历史和社会对照着想。他固然未用历史这个名辞,但他所用社会一语,似欲以表示二种概念:按他的意思,社会的变革便是历史。换言之,把人类横着看就是社会,纵着看就是历史。譬之建筑,社会亦有基址与上层:社会的基址,便是经济的构造,——即是经济关系——马克思称之为物质的,或人类的社会的存在;社会的上层,便是法制,政治,宗教,伦理,哲学,艺术等,马克思称之为观念的形态,或人类的意识。基址有了变动,上层亦跟着变动,去适应他们的基址。从来的史学家,欲单从社会的上层说明社会的变革,——历史,——而不顾社会的基址;那样的方法,不能真正理解历史。社会上层,全随经济的基址的变动而变动,故历史非从经济关系上说明不可。这是马克思的历史观的大体。他认横着去看人类,便是社会;纵着去看人类,便是历史。历史就是社会的变动。以经济为中心纵着考察社会变革的,为历史学;对于历史学,横着考察社会的,推马克思的意思,那便是经济学,同时亦是社会学。

依上所述,历史既是整个的人类生活,既是整个的社会的变革;那么凡是社会生活所表现的各体相,均为历史的内容所涵括。因为文化是一个整个的,不容片片段段的割裂。文化生活的各体态,各方面,都有相互结附的关系;不得一部分一部分的割裂着看,亦不得以一部分的生活为历史内容的全体。普通一说历史，便令人想是说社会上的政治，法律和经济；其实道德，学术，宗教，伦理，等等，所谓文化的理想，亦莫不应包含在历史以内。说历史只是政治，法律和经济，已经算是狭隘了；还有一派史学家，只认政治的历史为历史，此外的东西似乎都不包括于历史以内。他们认以政治为中心纵着考察社会变迁的，是历史学；像那福利曼（Freeman）说："历史是过去的政治，政治是现在的历史。"就是这种观念。以政治为中心，即是以国家为中心；国家的行动，每依主权者的行动而表现；故结局他们认以主权者或关系主权者的行动为中心以考察社会的变迁的，为历史学。中国旧史，其中所载，大抵不外帝王爵贵的起居，一家一姓的谱系；而于社会文化方面，则屏之弗录。这样的史书，就是本于历史只是政治，政治只是主权者的行动的见解而成的。马克思认以经济为中心纵着考察社会变革的，为历史学；则对于历史学横着考察社会的，乃为经济学，同时亦是社会学。由此类推，这一派的历史家，既认以政治为中心纵着考察社会变革的，为历史学；则对于历史学横着考察社会的，亦应该为政治学，同时亦是社会学。但在事实上，他们并未想到此点。他们并不注意政治学，社会学，在学问上的性质如何。这一派的历史观与马克思的历史观相同的点有二：（一）同认历史为社会的变革;(二)同认历史学的目的,在与自然科学相等,发见因果律。政治史观派虽有此与马克思相同的二点,其说亦终是站不住。因为政治是次级的,是结果不是原因;不能依此求得历史上的因果律。马克思所以主张以经济为中心考察社会的变革的原故,因为经济关系能如自然科学发见因果律。这样子遂把历史学提到科学的地位。一方面把历史与社会打成一气,看作一个整个的;一方面把人类的生活及其产物的文化,亦看作一个整个的;不容以一部分遗其全体或散其全体。与吾人以一个整个的活泼泼的历史的观念,是吾人不能不感谢马克思的。

这样讲来,我们所谓活的历史,不是些写的纪的东西,乃是些进展的行动的东西。写的纪的,可以任意始终于一定的范围内;而历史的事实的本身,则永远生动无已。不但这整个的历史是活的东西,就是这些写入纪录的历史的事实,亦是生动的,进步的,与时俱变的。只有纪录的卷帙册籍,是印版的,定规的。纪录可以终结的,纪入纪录的历史事实则没有终结;纪录是可以完全的(在理论上是可以完全的,在事实上则完全的亦极少)。纪入纪录的历史事实,则没有完全。不但那全个的历史正在那里生动,就是一个一个的历史的事实亦天天在那里翻新。有实在的事实,有历史的事实:实在的事实,虽是一趟过去,不可复返的。但是吾人对于那个事实的解喻,是生动无已的,随时变迁的,这样子成了历史的事实。所谓历史的事实,便是解喻中的事实。解喻是活的,是含有进步性的;所以历史的事实,亦是活的,含有进步性的。只有充分的纪录,不算历史的真实;必有充分的解喻,才算历史的真实。历史的真实,亦只是暂时的,要时时定的,要时时变的,不是一成不变的。历史的真实,有二意义:一是说曾经遭遇过的事的纪录是正确的,一是说关于曾经遭遇过的事的解喻是正确的。前者比较的变动少,后者则时时变动。解喻是对于事实的知识,知识是天天增长的,天天扩大的,所以解喻是天天变动的。有实在的过去;有历史的过去:实在的过去,是死了,去了;过去的事,是做了,完了;过去的人,是一瞑长逝,万劫不返了;在他们有何变动,是永不可能了;可以增长扩大的,不是过去的本身,乃是吾人关于过去的知识。过去的人或事的消亡,成就了他们的历史的存在;自从他们消亡的那一俄顷,吾人便已发见之于吾人想象中,保藏之于吾人记忆中;他们便已生存于吾人的记忆中想象中了。吾人保藏之愈益恒久,即发见之愈益完全,即解喻之愈益真切。实在的孔子死了,不能复生了,他的生涯,境遇,行为,丝毫不能变动了;可是那历史的孔子,自从实在的孔子死去的那一天,便已活现于吾人的想象中,潜藏于吾人记忆中,今尚生存于人类历史中,将经万劫而不灭。汉唐时代人们想象中的孔子,与宋明时代人们想象中的孔子,已竟不同了;宋明时代人们想象中的孔子,与现代人们想象中的孔子,又不同了;十年以前,我自己想象中的孔子,与今日我自己想象中的孔子,亦不同了。所以孔子传,基督传,释迦牟尼传,穆罕默德传,不能说不要重作。没有一个历史事实,能有他的完满的历史;即没有一个历史事实,不要不断的改作。这不是因为缺乏充分的材料,与殊特的天才;乃是因为历史的事实本身,便是一个新史产生者。一时代有一时代比较进步的历史观,一时代有一时代比较进步的知识;史观与知识不断的进步,人们对于历史事实的解喻自然要不断的变动。去年的真理,到了今年,便不是真理了;昨日的真理,到了今日,又不成为真理了。同一历史事实,昔人的解释与今人的解释不同;同一人也,对于同一的史实,昔年的解释与今年的解释亦异。此果何故?即以吾人对于史实的知识与解喻,日在发展中,日在进步中故。进化论的历史观,修正了退落说的历史观;社会的历史观,修正了英雄的历史观;经济的历史观,修正了政治的历史观;科学的历史观,修正了神学的历史观。从前的史书,都认天变地异与神意有关,与君德有关;现在科学昌明,知道日食一类的事,是天体运行中自然的现象，既不是什么灾异，亦不关什么神意，更不关什么君德了。从前的史书，都认火的发见，农业及农器的发明，衣服的制作，为半神的圣人，如燧人氏，神农氏等的功德；都认黄虞时代，为黄金时代；而由进化论及进步论的史观以为考察，此等重大的发见，实为人类生活一点一点的进步的结果：在原人时代，不知几经世纪，几经社会上的多数人有意无意中积累的发见与应用的结果，始能获享用此文明利器。旧史以之归于几个半神的圣人的功德，宁能认为合理？前人为孔子作传，必说孔子生时有若何奇异祥瑞的征兆，把西狩获麟一类的神话，说得天花灿烂；我们若在现今为孔子作传，必要注重产生他这思想的社会背景，而把那些荒正不经的神话一概删除。本着这一副眼光去考察旧史，必定忍不住要动手改作。一切的历史，不但不怕随时改作，并且都要随时改作。改作的历史，比以前的必较近真。Grote 作的希腊史，比 Herodotus 的希腊史真确的多，就是这个原故。这不是 Grote 的天才，比 Herodotus 的天才高；亦不是 Herodotus 比 Grote 爱说谎；时代所限，无可如何。Herodotus 在他的时代，他只能作到那个地步，再不能更进了；Grote 在他自己的时代，固然算是尽其最善，但亦不能说是作到完全。我们固然不能轻于盲拜古人，然亦不可轻于嘲笑古人。历史要随着他的延长，发展，不断的修补，不断的重作。他同他的前途发展的愈长，他的过去的真实为人们所认识的，愈益明确。中国古人有句话，叫做“温故知新”。普通的解释，就是一面来温故，一面去知新；温故是一事，知新又是一事。但这句话要应用在史学上，便是一件事。温故是知新的手段，知新是温故的目的。改作历史，重新整理历史的材料，都是温故的工夫。在这温的工作中，自然可以得到许多的新知。我们还可以把这句倒装过来说，“知新温故”这就是说拿我们日新月异所进步的知识，去重作历史。“故”的是事实，“新”的是知识。人们对于实在的事实的认识，终不能完全，所以要不断的温；人们对于事实的认识，是一天一天的进步，所以以此去不断的温故的事实，亦必不断的有些新见解涌现出来。这样子我们认识了这永续生存的历史。我们可以用几句最明了的话，说出什么是历史：

“历史不是只纪过去事实的纪录，亦不是只纪过去的政治事实的纪录。历史是亘过去，现在，未来的整个的全人类生活。换句话说，历史是社会的变革。再换句话说，历史是在不断的变革中的人生及为其产物的文化。那些只纪过去事实的纪录，必欲称之为历史；只能称为记述历史，决不是那生活的历史。”

二、什么是历史学

在今日寻历史的真义，虽如上述；而历史这个名辞的起源，则实起于纪录。汉文的“史”，其初义即指秉持典册，职掌记事者而言，再转而有纪录的意义。“历史”在英语为History，在法语为Histoire，在义大利语为Storia，三者同出于希腊语及腊丁语的Historia，其初义本为“问而知之”；由是而指把问而知之的结果写录出来的东西亦云，遂有纪录的意义了。历史在德语为Geschichte，在荷兰语为Geschiedenis，有“发生的事件”的意义。综起来看，“历史”一语的初义，因国而异；而行用既久，滋义甚多，则中国与欧洲诸国同然。但是概括观之，“历史”一语的初义，都是指事件的纪录而言；足征历史学的起源，实起于纪录的历史。纪录的历史，是由记可以流传后世的言行而发生出来的；然其所以记的动机则不必相同：或为使其言行，功业，及其所造的事变，永垂诸世勿使湮没；或将以供政治上的参考，俾为后世的模范与戒鉴；或以满足人们的好奇心，以应其知过去明事物的来历的自然的要求；或以满足其欲知邦家种姓的盛衰兴亡，非常人物的言行经历及其运命的兴味。而其所记的事，又必是有些地方具有特异的性质的：譬如现于水平上的岛屿，耸于云际的山岳，最易惹人们的注意；寻常琐屑的事，则恒不见于纪录。然此种见解，非可适用于今日的历史的情形；欲适用之，则必须附以新解释。今日的历史，不但记述偶然发生的事变，而且记述状态的变迁与沿革；不惟注意例外异常的情形，抑且注意普通一般的事象。历史总是记述以何理由惹人注意的事，至于如何的事才惹人注意，则今古不同。此处所云的历史，是说记述的历史。此类的历史，原是现实发生的各个情形的记述，故其本来的性质，不在就某种事实或对象而为一般的研究，明其性质，究其理法；而在就一一实际的情形，详其颠末，明其来历。即在今日，普通的历史方犹保存此本来的性质；然而今日史学所达的进程，则已不止于单为个个情形的记述与说明。比较的研究，在史学上曾被试用，而历史理论的研究，其目的尤在为关于历史事实一般的说明。

今人一言历史的研究，辄解为沿革的研究，这就是因为认历史是述事物的来历，明其变迁沿革的经过者。通俗谈话，"历史的"这一个形容，表示几种意义，因用的时地不同，而意义亦从之各异：有时单有"过去的"的意味，有时更含有"可记忆的"即"显著""卓越""可传于后世"的意味，如称某人为"历史的"人物，即是此例。把他当作学术上的用语,就是表明一种考察事物的观察法。这种观察法,专寻事物的起源,及过去的变迁,沿革;简单说,于生成发展的关系考察事物,答怎样成了这样的问题,即是历史的考察法。今日论史学的性质,首当注意者,乃为专就生成发展上所研究的事情,即其考察法的"历史的"事情。虽然,只此不能说算是把史学的性质能够充分的明确的决定了。因为史学固有一定的考察法,史学亦有一定的对象。所谓历史考察法,不只能用于人事,即于自然现象,亦能适用之:譬如讲地球的发达,考生物的由来,亦可以说是一种历史的考察;然而那样的研究,不能认为属于史学的范围。史学非就一般事物而为历史的考察者,乃专就人事而研究其生成变化者。史学有一定的对象。对象为何?即是整个的人类生活,即是社会的变革,即是在不断的变革中的人类生活及为其产物的文化。换一句话说,历史学就是研究社会的变革的学问,即是研究在不断的变革中的人生及为其产物的文化的学问。

人以个体而生存,又于种种团体而生存;故人生有为个体的生存,有为团体的生存。人的团体的生存,最显著的例,即是国民的生存;今日史学所研究的主要问题,似为国民的生存的经历。记述为个人生存的经历者,谓之传记;讨究文化的发展者,谓之人文史,亦曰文化史;传记与文化史,虽均为历史的特别种类,然而个人经历与文化发展的研究,亦不能说不是史学范围以内的事。有人说,史学是专研究关于团体的生活者,而不涉及个人的生活。是亦不然,个人生活与团体生活,均于其本身有相当的价值。团体生活的荣枯兴衰,固为吾人所急欲知,所急欲解喻者;而个人的经历与运命,又何尝不一样的感有此兴味?此等要求,盖为吾人自然的要求。且个人生活的研究,不但于其本身有必要;即为团体生活的研究,有时亦非研究个人生活不可。盖个人为构成团体的要素,个人的活动为团体生活的本源,个人在团体的生活中,实亦有其相当的影响,即亦有其相当的意义,故史学不能全置个人于度外。我们固然不迷信英雄,伟人,圣人,王者,说历史是他们造的,寻历史变动的原因于一二个人的生活经历,说他们的思想与事业有旋乾转坤的伟力;但我们亦要就一二个人的言行经历,考察那时造成他们思想或事业的社会的背景。旧历史中,传记的要素颇多,今日的史学,已不那样的重视个人的传记;因为团体的生活,在历史上的意义渐次加重了。然为团体生活的研究,似仍有为传记的研究的必要。

人事的生成发展,不能说不能为演绎的推理的论究,即设某种假设,在其假设之下看如何进行。此种研究法，亦非不可试行于史学；不过史学发展的径路，当初只是沿革的研究，直到今日，才渐知为推理的研究；所以人们多认史学是以事实的研究——沿革的研究——为主的。史学由个个事实的确定，进而求其综合。而当为综合的研究的时顷，一方欲把事实结配适宜，把生成发展的经过活现的描出，组之，成之，再现之；于他一方，则欲明事实相互的因果关系，解释生成发展的历程。由第一点去看，可说史学到某程度其研究的本身含有艺术的性质（不独把历史研究的结果用文学的美文写出来的东西是艺术的作品，就是历史研究的本身亦含有艺术的性质）。由第二点去看，史学的性质，与其他科学全无异趣。实在说起来，所谓事实的组成描出，即在他种科学，亦须作此类的工夫到某程度；所以到某程度含有艺术性质的事，亦不独限于史学，即在地质学，古生物学等，亦何尝不然？

今日的历史学，即是历史科学，亦可称为历史理论。史学的主要目的，本在专取历史的事实而整理之，记述之；嗣又更进一步，而为一般关于史的事实之理论的研究，于已有的记述历史以外，建立历史的一般理论。严正一点说，就是建立历史科学。此种思想，久已广布于世间，这实是史学界的新曙光。

这种严正的历史科学，实际上今尚未能完成其整齐的系统。一般人对于历史科学的观念,仍极泛漠:此种学问所当究论的问题,究竟为何?似尚未有明确的决定。且历史科学(即历史理论)若果成立,他与历史哲学亦必各有其判然当守的界域;直到如今,二者之间并未有明了的界域可守,以致名辞互用,意义混同,律以治学明界的道理,似宜加以分别才是。

历史科学能否于最近的将来完成他的系统?历史科学一旦成立,果为如何的性质?历史科学与历史哲学,究有若何的关系?其界域若何?其考察法的相异何在?历史科学所当研究的事实为何?这都是治史学者所当加意研考的问题。

史学原以历史的事实即是组成人类经历的诸般事实为研究的对象,故调查特殊的历史的事实而确定之,整理之,记述之,实为史学的重要职分。就历史的事实为科学的研究,诚不可不基于就特殊情形所为事实的观察与征验;故特殊史实的精查,乃为史学家的要务。然史学家固不是仅以精查特殊史实而确定之,整理之,即为毕乃能事;须进一步,而于史实间探求其理法。学者于此,则有二说:一说谓史家的职分,不仅在考证个个特殊的史实,以求其明确;而寻史实相互的联络,以明其因果的关系,固亦为必要。然考其联络,明其因果关系,以解释史实,说明其发达进化云者,不过是说单就特殊事例的本身所当作的事；至于综合全般的历史以求得一普遍的理法，则非史家所有事。一说则谓史家的职分，不仅在就特殊事例的本身解释史实，更须汇类种种史实，一一类别而为比较，以研究古今东西全般历史的事实，为一般的解释，明普遍的理法，正为史学家的要务。从第一说，则史学家的任务，既不仅在特殊史实的确定，复不在讨究事实的一般性质理法；而在于特殊史实的确定以外，就特殊事例为推理的考察，以解释之，说明之。从第二说，则史学于特殊事实的考证，固宜有浓厚的兴趣，考察在一一现实的时会，史实如何显现？一般的性质，理法，则各别事情之下，如何各别以为发露？而犹不止此，实际于种种形态，于一一现实的时会，所显诸般史实的普通形式，性质，理法，一般的施以讨究，而抽象的表明之，亦为当然属于史学的任务。由是言之，史学不但就特殊事例为推理的考察，并当关于一般为理论的研究。从第一说，则史学与其他诸科性质迥异，而为一种特别的学问；从第二说，则史学实为与其他科学同性质同步调的东西。史学之当为一种科学，在今日已无疑义，不过其发达尚在幼稚罢了。今日史学的现状，尚在努力为关于事实的考证；而其考证，亦只为以欲明此特殊事例的本身为目的的考证，并非以此为究明一般性质理法的手段的考证。由这一点去看，第一说似恰适应于今日历史学问的现状。然知识学问,是进步的,发长的,断无停滞于一境,毫无发展进步的道理。研究史学的人,亦不可自画于此之一境,而谓史学不能侪于科学之列,置一般的理论于史学的范围外,而单以完成记述的历史为务。各种学问的发展,其进展的程级,大率相同:大抵先注意个个特殊事实而确定之,记述之;渐进而注意到事实的相互关系,就个个情形理解之,说明之;再进而于理解说明个个事实以外,又从而概括之,推论之,构成一般关于其研究的系统的理论。史学发展的途程,亦何能外是?史学方在幼稚的时期,刚刚达到就各个事实而为解释说明的地步,自与其他已经达到概括的为理论的研究的科学不同。但此之不同,是程度上的不同,不是性质上的不同;是史学的幼稚,不是史学的特色;只能说史学的发展,尚未达到与其他科学相等的地步,不能说史学的性质及观察点,与其他科学根本相异。

史学既与其他科学在性质上全无二致,那么历史科学当然可以成立。史学的要义有三:(一)社会随时代的经过发达进化,人事的变化推移,健行不息。就他的发达进化的状态,即不静止而不断的移动的过程以为考察,是今日史学的第一要义。(二)就实际发生的事件,一一寻究其证据,以明人事发展进化的真相,是历史的研究的特色。(三)今日历史的研究,不仅以考证确定零零碎碎的事实为毕乃能事；必须进一步，不把人事看作片片段段的东西；要把人事看作一个整个的，互为因果，互有连锁的东西去考察他。于全般的历史事实的中间，寻求一个普遍的理法，以明事实与事实间的相互的影响与感应。在这种研究中，有时亦许要考证或确定片片段段的事实，但这只是为于全般事实中寻求普遍理法的手段，不能说这便是史学的目的。

有些人对于史学是否为一种科学的问题，终是有些怀疑。他们说历史的学问所研究的对象，在性质上与自然科学等大异其趣，故不能与其他科学同日而语。盖人事现象，极其复杂，每一现象的发生，大抵由种种原因凑合而动，种种事情，皆有交感互应的关系。于一一时会，人类的心理有甚不定的要素存在，其理法不易寻测，其真实的因果关系，不易爬梳；故学者说历史是多元的，历史学含有多元的哲学，今欲于多元的历史的事实发见普遍的原则或理法，终属难能，因之史学一般理论的构成，亦殊不易。此等论难，亦未尝无几分真理，顾吾人所谓史学，与其他诸科学同其性质一其步调者，亦只是就其大体而言。各种科学，随着他的对象的不同，不能不多少具有其特色；而况人事科学与自然科学不可全然同视，人事科学的史学与自然科学自异其趣。然以是之故，遽谓史学缺乏属于一般科学的性质；不能概括推论，就一般史实为理论的研究，吾人亦期期以为不可。人事现象的复杂，于研究上特感困难，亦诚为事实；然不能因为研究困难，遽谓人事科学全不能成立，全不能存在。将史实汇类在一起，而一一抽出其普通的形式，论定其一般的性质，表明普遍的理法，又安见其不能？且在心性的学问，如心理学，及经济学，法律学等人文诸科学，颇极发达，各就其所研究的对象，为一般理论的研究的今日；而犹以人事现象复杂难测为理由，主张就史实为一般理论的研究之不可能，真令人百思不得其解了。世界一切现象，无能逃于理法的支配者。人事界的现象，亦不能无特种的理法，惟俟史家去发见他，确定他了。况且依概括的推论以明一般的理法，较之就个个特殊情形一一讨究其凑合而动的种种原因，其事或尚较易。就个个特殊现实的情境，充分的与以解释与说明，史学亦既冒种种困难而为之；今于超乎随着个个事例而起的复杂错综的关系以外，而就全般考其大体以为理解，论者乃视此比较容易的事为不可能，宁非异事？且我们所谓一般的理法，自指存于人事经历的理法而言，非谓于个个特殊事例，常以同一普遍的形态反复表现。在现实个个特殊的时会，种种事情纷纭缠绕，交感互应，实足以妨碍一般的理法以其单纯的形态以为表现。以是之故，此理法常仅被认为一定的倾向。此一定的倾向，有时而为反对的势力所消阻。虽然，此理法的普遍的存在，固毫不容疑，不过在人事关系错综复杂之中，不易考察罢了。

依上所述，我们知道史学的目的，不仅在考证特殊史实，同时更宜为一般的理论的研究；于专以记述论究特殊史实的记述历史以外，尚有讨论一般的性质理法的历史理论，亦不可不成立。历史理论与记述历史，都是一样要紧。史学家固宜努力以求记述历史的整理，同时亦不可不努力于历史理论的研求。而今观于实际，则治史学者，类多致其全力于记述历史的整理，而于一般史实理论的研究，似尚置之度外；即偶有致力于此者，其成功亦甚微小，以致历史科学尚未充分发展至于成形。固然，关于考证个个史实的研究，虽在今日，仍不可忽视；因为历史的事实，总是在发展中，进步中，没有一个历史是完成的。一个纪录的本身，可以始终于一定的范围作一结束，而其所纪录的史实，则常须随着人们的新智识，新发见，加以改正；所以记述历史，亦要不断的改作才是。今日关于考证个个史实的研究，虽然有显著的进步；然就大体上看，犹有极重要的事实遗剩下来，未能充分的以为讨究者，尚不在少；人们所最欲确知而不得其证据者，尚不在少；以是知学者对此之努力，仍不可一日懈。且个个事实的考证，实为一般理论的研究必要的材料。必个个事实的考察,比较的充分施行;而后关于普遍的理法的发见,始能比较的明确。有确实基础的一般理论,必于特殊事实的研究有充分的准备始能构成。于个个事实的研究多尚未能作到比较的充分的今日,而望历史理论的系统完全成立,实在是很难。故在今日,于一般理论必要的准备未成的时候,不能认有确实基础的一般理论完全构成。科学不是能一朝一夕之间即能完成他的系统的。历史科学的系统,其完成亦须经相当的岁月,亦须赖多数学者奋勉的努力。有志于历史理论的研究者,宜先立关于其结构的大体计划,定自己所当研究的范围,由与记述史家不同的立脚点,自选材料,自查事实。历史理论家欲图历史理论的构成,必须抱着为构成历史理论的准备的目的,自己另下一番工夫去作特殊事实的研究。这样子研究的结果,才能作历史理论的基础。同时又须采用生物学,考古学,心理学,社会学,及人文科学等所研究的结果,更以征验于记述历史,历史理论的研究,方能作到好处。今日一般所作的关于特殊事实的研究,乃是专为整理记述历史而下的工夫,合于此目的者便去研究,否者则不蒙顾及。于为整理记述历史毫无必要的事实,容或于构成历史理论非常的要紧;而且同一的事实,在理论史家看来,其观察法与记述历史家不同,必须立在他的特别立脚点以新方法为新研究，方于自己的企图有所裨益。然则为整理普通记述历史所要确定的个个事实，即悉为充分的调查与确定；以供之于理论史家，那样的材料，亦于理论史家无直接的效用。所以理论史家为自己的企图的便利起见，不能不自己下手去作特殊事实的研究；或于记述史家所未顾及的事实加以考证，或于记述史家所曾考证的事实，更依自己的立脚点用新方法以为考察；当自辟蹊径，不当依赖他人；这样的研究下去，历史理论即历史科学，终有完全成立的一日。历史理论实为政治学，伦理学，教育学直接的基础，故史学的成立，于人生修养上很有关系。即于记述历史的研究，亦能示之以轨律，俾得有所准绳，其裨益亦非浅鲜。真挚的史学者，幸共奋勉以肩负此责任！

三、历史学的系统

论到此处，我们要论一论历史理论的系统是由些什么部分组成的了。前边说过，历史理论是以一般就种种史的事实研究其普通的性质及形式，以明一以贯之的理数为目的的。史的事实为何？简约言之，便是构成人类经历的诸般事实。在历史理论上所研究考察的事物全体，即是此人类生活的经历。此处所谓人类生活的经历，不是指那作为一个动物在自然界的人类生存的经历而言，乃是指那为意识的活动的一个社会的生物的人类生活的经历而言。此种意义的人类生活的经历，其性质决非单纯，实为一种复杂的组成物。人类的经历，是一个概括的名称，包括人类在种种范围内团体生活的总合。人类在社会上，为一个人而生存，为氏族的一员而生存，为各种社团的一员而生存，为一国民的一员而生存，为民族的一员而生存，又为全人类的一员而生存。故吾人有个人的生活，有氏族的生活，有种种社团的生活，有国民的生活，有民族的生活，又有人类的生活。人类生活的经历，即由这些种种生活相凑泊相错综而成。我们要想了解人类经历的总体，不能不就此种种生活下一番剖析分解的工夫，一一加以精细的研究。

最广义的历史学，可大别为二大部分：一是记述的历史，一是历史理论，即吾人之所谓历史学。严正的历史科学，乃是指此历史理论一部分而言。在记述的历史中，又可分为个人史（即传记），氏族史，社团史，国民史，民族史，人类史六大部分。在历史理论中，亦可分为个人经历论（即比较传记学），氏族经历论，社团经历论，国民经历论，民族经历论，人类经历论六大部分。列表如次：

- (广义的)历史学
  - 记述的历史……
    - 个人史(传记)
    - 氏族史
    - 社团史
    - 国民史
    - 民族史
    - 人类史
  - (狭义的历史学)历史理论
    - 个人经历论(比较传记学)
    - 氏族经历论
    - 社会集团经历论
    - 国民经历论
    - 民族经历论
    - 人类经历论

现代史学家多认历史所当治的范域,以社会全体或国民生活的全般为限,故有人谓历史是社会的传记。如此解释,吾人以为失之太狭。个人的生活,氏族的生活,种种社会集团的生活,民族的生活,乃至全人类的生活,都应包括在历史的范围内。

记述历史与历史理论,其考察方法虽不相同;而其所研究的对象,原非异物。故历史理论适应记述史的个人史,氏族史,社团史,国民史,民族史,人类史,亦分为个人经历论,氏族经历论,社团经历论,国民经历论,民族经历论,人类经历论等。为研究的便利起见,故划分范围以为研究。那与其所研究的范围了无关系的事项,则屏之而不使其混入；但有时为使其所研究的范围内的事理愈益明了，不能不涉及其范围以外的事项，则亦不能取不敢越雷池一步的态度。例如英雄豪杰的事功，虽当属之个人史；而以其事与国民经历上很有影响，这亦算是关于国民生活经历的事实，而于国民史上亦当有所论列，故在国民史上亦有时涉及个人氏族或民族的事实。反之社会的情形，如经济状况，政治状况，及氏族的血统等，虽非个人史的范围以内的事；而为明究那个人的生活的经历，及思想的由来，有时不能不考察当时他所生存的社会的背景，及其家系的源流。

记述历史与历史理论，有相辅相助的密切关系，其一的发达进步，于其他的发达进步上有莫大的裨益，莫大的影响。历史理论的系统如能成立，则就个个情形均能据一定的理法以为解释与说明，必能供给记述历史以不可缺的知识，使记述历史愈能成为科学的记述；反之，记述历史的研究果能愈益精确，必能供给历史理论以确实的基础，可以依据的材料，历史理论亦必因之而能愈有进步。二者共进，同臻于健全发达的地步，史学系统才能说是完成。

此外尚有种种特殊的社会现象，史学家于其所研究的事项感有特殊兴趣者，均可自定界域以为历史的研究。例如政治史，法律史，道德史，伦理史，宗教史，经济史,文学史,哲学史,美术史等都是。此种特殊社会现象的历史,自与从普通历史分科出来的个人史,氏族史,社团史,国民史,民族史,人类史等不同。个人史,氏族史等皆是考察叙述活动的主体的人或人群的经历者,与政治史,法律史等不同。政治史,法律史等乃考察一种社会现象本身的经历者。但在以叙述考察人或人群的经历为主的普通历史中,亦未尝不涉及此类特殊的社会现象。例如在国民史中,不能不就国民生活经历的各方面为普泛的考察,自然要涉及国民经济的生活,宗教的生活,伦理的生活等,但在此时,不是以研究经济现象,宗教现象,伦理现象的本身为本旨;单是把经济现象,宗教现象,伦理现象,看作构成国民生活经历的全体的一种要素而叙述之,考察之。至于把经济,宗教,教育,文学,美术等社会现象,当作考察的中心,讨究记述此等社会现象有如何的经历,为如何的发展;不是由普通历史分科出来的诸种历史(如国民史等)的目的。为达这种目的,应该另外有研究记述此等社会现象的历史存在。这特殊社会现象的历史,其目的乃在就为人类社会生存活动的效果的人文现象,即所谓社会现象,一一究其发达进化之迹,而明其经历之由来。其所考察的目的物,不在为活动主体的人或人群的经历与运命,而在人或人群活动的效果。发展进化的经过,其性质与由普通历史分科出来的诸史迥异,不待辩而自明。

综合种种特殊社会现象的历史所考究所叙述者,就其总体以考察记述那样人类于社会活动的产物,以寻其经历而明其进化的由来,关于人文现象的全体以研考其发达的次第者,最宜称为人文史,亦可称为文化史。人文史恰与普通史中的人类史相当。人类史以把人类的经历看作全体,考究叙述,以明人生的真相为目的;人文史则以把人类生存及活动的产物的来历看作总体,考察记述,以明人文究为何物,如何发展而来的为目的。前者综合在种种形式人的生活经历的历史而成,后者则综合种种特殊社会现象的历史而成。二者的性质,皆系包括的,记述的;惟其记述的主旨则各不相同。

对于政治史,经济史,宗教史,教育史,法律史等,记述的特殊社会现象史,已有研究一般理论的学科:对于政治史,则有政治学;对于经济史,则有经济学;对于宗教史,则有宗教学;对于教育史,则有教育学;对于法律史,则有法理学;对于文学史,则有文学;对于哲学史,则有哲学;对于美术史,则有美学;但对于综合这些特殊社会现象,看作一个整个的人文以为考究与记述的人文史,或文化史(亦称文明史),尚有人文学或文化学成立的必要。

现代史学家方在建立中的历史理论,当分为六大部分，已如上述。我们现在要进而略论这些部分的内容了。

第一，人类经历论是研究记述人类总体的经历的部分，但此一部分理论，非到人类史的系统完成后，不能着手研究。将来记述历史分科的研究，日益发达，终能促进人类史及人类经历论的实现。现在有所谓世界史者，其内容与此处所云的人类史不同。这种世界史，不是并叙各国史，即是叙说列国关系的发达；其内容仍为研究国家经历的事实，在学问的性质上，这不过是国民史的一种，决非吾人所说的人类史。传记里边有只叙一人的，亦有并叙数人的；世界史只是一个并叙数国的传记，故宜列入国民史。各部分的研究，实为总体研究的基础；人类史的研究，又为人类经历论的根据，故人类史及人类经历论，是最后成立的一部分。

第二，民族经历论，是比较种种民族的经历，研究普通于一般民族经历的现象的部分。其所研究的范围，举其要者，如民族的盛衰兴灭，其普通的理法安在？原因为何？民族的迁徙移动，本于何因？发生何果？如何的天然情境，人事状态，有以促进之，或妨阻之？其移动常取若何的径路？民族间的交通接触与杂居，于文化上发生若何的影响？民族与民族接触后，若者相安于和平，若者相残于争战，其因果若何？杂居以后，必生混合的种族，混种之影响于文化者又何若？先进民族与浅化民族相接触,在浅化民族方面,发生若何的影响?这都是民族经历论所当研究的问题。

一个民族都有一个民族的特性,即各民族都有其特别的气质,好尚,性能。此民族的特性,果与民族的经历有若何的关系?亦为民族经历论所当研究的事项。我想一个民族的特性,可以造成一个民族的特殊历史。民族特性,即是使各民族各有其特殊的经历的最有力的原动力。而在别一方面,各民族于其生活经历中所起的种种事变,种种经验,有时或助长,养成,发达潜在于该民族特性中固有的特色;有时或反阻抑其发展,甚或有以变化之;故在民族经历论,不可不于此点加以详密的考察。或谓民族特性实为受地理的影响而成者,然此亦非以简单的原因所能解释。一民族特性的成立,固受地理的影响不少,但此外如人种的,经济的关系,亦不能说全无影响。历史是多元的,不是简单的,此理应为史学家所确认。

又如民族经历与民族文化的关系,亦为民族经历论所当论及的问题。民族文化者何?即是民族生存活动的效果,包括于其民族社会发展的人文现象的总体。民族文化的成立,民族的经历实有伟大的影响;迨民族文化既已发展成熟。却又为决定民族将来经历的重要原素,其间实有密切的关系。民族经历论应细为比较,以明其理法。

民族经历论与人类学人种学不同，又与民族心理学亦各异其性质：人类学是人类其物的理学，是关于人类的本质，现状，及其由来，所为的一般的学术的考究；人种学是考查现在诸人种的特质，及其分布，并其相互关系的学问；皆与历史理论中的民族经历论不同。民族经历论，不是研究人类，亦不是研究人种，乃是关于在民族经历中所显现象的性质及其理法的学术的研究。亦有同一的事实，在民族经历论里要研究他，在人类学里要研究他，在人种学里亦要研究他；但其所研究的事实虽同，而其所以研究的目的各异。例如“移住”这一个事实，在人类学，是为解释人类何以有今日，才去研究他；在人种学，是为说明现时诸人种地理的分布，及人种的相互关系，才去研究他；在民族经历论，则是把他当作构成民族经历的事实，而研究其性质与理法，以明其与别的民族生活上的事实的关系。民族心理学是研究有没有可称为民族的精神的东西？若认定为有，那到底是什么东西的学问？他是以征验于神话，言语，文学，及其他民族文化的种种要素，为其研究调查的主眼。以民族内的生活现象，为其研究的目的。民族经历论所研究者，乃为民族的外的生活，即构成经历的事实。民族心理学是心理学的一种，民族经历论是历史理论的一部。

第三,国民经历论,是就一般研究说明普通于国民生活的现象的部分。兹所谓国民者,即是依政治的统一所结合的人民的团集。于国民经历论中所当论究的问题甚伙,举其要者,略如下述:

国民的成立有种种的原由,其发达状态的主要形式为何?国民的盛衰兴亡,与国土天然的形势,对于他邦的位置,人口的多寡,人民的性质,详细一点说,就是人民的道义,智识,好尚,经济的能力,政治的能力,军事的能力等,有如何的关系?又与政体社会的编制,国内统一调和的程度,宗教,教育,风俗,习惯,并财富的分量,及其分配的状况,交通机关的整备,有如何的关系?英雄豪杰的出现,于国民的发达进步上,有如何的影响?这都是很重要的问题,很应该在国民经历论中讨论的问题。余如由国际的关系国民平和的交际及轧轹争斗等所生的种种结果若何?国民的感情,国民的意志之发展进化,与国民的经历有如何的关系?国民文化即所谓国粹的性质若何?并其基因于过去的国民经历者若何?影响于将来的国民经历者若何?亦应在国民经历论所当研究的范围内。

一国民所认为共同生活的大目的,亦因时因所而有差异。或对于外来的攻袭仅为防卫的准备,或整军经武将以征服人种灭亡人国,或奖励探除以为拓土开疆的远征，或为经济上产业上的侵略以图压服他国，或不求外展只努力于维持国内的平和，凡此者皆因时因地因境遇的不同而常有变迁。又如国体，政体，亦因国而有不同；同一国家，又因今古异势而有变化；凡此变迁，其主要的原因为何？乃至国民的言语，文字，信仰，思想，风俗，习惯的一致，特别是同民族的观念，影响于坚结国民团结的精神上者有如何的效果？这些亦都是应该在国民经历论里所当比较对照以为研究的问题。

国民经历论与政治学亦不相同。政治学的用语，其性质范围，固不可以一概而论；而从其最广义的解释，政治学就是国家学。国家学是专研究国家的学问，他的目的在专以究明政治的现象。在国家学政治学中，多少亦有论到国民的地方；但此不过是为明政治的理论，附带着言其概略，并不专在研究国民的经历。且政治学每置重于直接应用的方面，专在研究适应于现时社会状况的政治组织及其运用，特别注重发达进步的国家编制而详加考察。国民经历论则反是，广搜古今东西的事实而比较对照，以为研究就一般以于国民的经历考究普遍的现象。国家学，政治学，虽与国民经历论有密切的关系；国民经历论的发达与国家学政治学的研究以确实的基础；但二者决非同物，在学问的性质上，不可混而为一。

第四，社团经历论是研究民族生活国民生活民族生活以外的种种社会集团的生活的部分。这些社会集团，其成立的原因有种种，其发达的程度亦有种种。宗教的团体，如教会等；关于政治，学术，文艺，社交的结社，如政党学会等；为经济的关系而设立的团体，如组合，公司，堂，公所等；这等集团比国民的生活较为薄弱。即有结合较为坚固者，亦不过隐然成为一体，感共同利害，有共同意识，为一致活动到某一定的程度而止。亦有没有巩固的体制的社会集团。例如一国有农民阶级或武士阶级，皆属此类。社会集团有只限于国内者，有为国际的组织者；其范围有极狭隘者，有极广漠者。例如几多的邦国圈，同在一个人文圈内；那个人文圈内的几多国民，像一体似的营共同生活到一定的程度，自然有国际的社会集团发生；就是那个人文圈虽然没有确固的体制，仍不失为一种的社会集团，这就是范围极广的社会集团。把这些种类的社会集团为适当的分类，就构成此等社会集团经历的事实为一般理论的研究，就是社团经历论。在社团经历论里所当研究的问题，就是人在种种社会集团的生活。其所研究的事项，不外种种社会集团的性质，其发生的因由，其主要的形式，因时因地其形态的种种变化，助成或妨阻种种社会集团的成立及其发达的种种要素。

第五，民族经历论就是于血族或可看作血族者的集团生活讨究普通现象的部分。吾人于个人的生活以外，尚有在氏族的生活，研究此在氏族的生活的性质，考察组成氏族生活经历的事实的理法，即是氏族经历论的任务。此研究当自考察家族及氏的组织，其编制的进化，其结合的维持，所以强固其团结的种种要素，及其致分裂离散解体的种种情状开始；而于关于氏族的盛衰兴亡，氏族的繁殖力等问题，尤宜慎审周详，以为翔实的研考。此外生理上心理上遗传的现象，于氏族生活上的关系，氏的世袭职业资格等，及于其经历上的影响；同氏族者的相互扶助，及其对外的联带责任，因时势的变迁如何以为沿革氏族内部的编制即族长家长与其所属的关系，并一般尊属亲与卑属亲的关系如何？于种种的国家社会组织氏族自治的范围若何？相异氏族间的相互关系如何？族的独立自存与婚姻进化的关系若何？乃至关于族的分布，迁徙，隐居，养子等问题，均当研究及之。

第六，个人经历论是研究个人生活的普遍现象的部分。就是传记的一般理论，亦可称为比较传记学。凡人的寿命的长短及健康的如何与功业的成否有如何的关系？人生由生理上心理上社会关系上可分为若干期？早熟或晚成？因男女性的不同经历的差异如何？个人的性格与其经历间有如何相互的关系？都是于个人经历论所必要调查的事项。个人的生涯人各异趣，几乎千别万差，实则于其差别中亦有一致的点，平等的点。个人生活云者，一般从大体的途径进行，其经历，自有某种普遍的形式，又有在其经历中起于一定阶段的一定的现象，此普遍的形式一定的现象如何？各人的经历在大体上虽有一致的点，而于细目则有千别万差，果由如何的原因？人的体质，气质，性能，教育，社会上的位置，职业，所与交际往来的人物，其所遭遇的国家社会的状态，于其经历上有若何的影响？对于此等疑问，尽力与以解释的，即此个人经历论的主要任务。

在研究的次序上，应以个人经历论为着手点。因为个人的生活，视其他诸种的共同生活为单纯的而根本的，故先详察为诸般共同生活的原素的个人生活经历，然后渐及于关系益加复杂，范围益加广大的种种共同生活的经历，其事简而功效易收。且个人的生活经历，为吾人所亲验习知的事，有无数的实例，陈布于吾人的面前；而个人生活的期间，在较短的时期终结，故得详考其始终而察其因果；以视在民族国民的悠久的生活中寻求因果者，其难易实大悬殊；许多学者从事于此种研究，颇能得利用统计的方法的便利。

历史理论应包含此六部分，而随着分科研究的发达，在此六部分内或可再分细类，如法律之分为民法，刑法，商法等，今将上述的史学系统，列一详表如次：

- 历史学(最广义的历史学)
  - 历史研究法
  - 历史编纂法
  - 普通历史学(广义的历史学)
    - (狭义的历史学)
      - 记述历史
        - 个人史(传记)
        - 氏族史
        - 社会集团史
        - 国民史
        - 民族史
        - 人类史
      - 历史理论
        - 个人经历论(比较传记学)
        - 氏族经历论
        - 社会集团经历论
        - 国民经历论
        - 民族经历论
        - 人类经历论
  - 特殊历史学
    - 记述之部 (人文史亦曰文化史)
      - 政治史
      - 经济史
      - 法律史
      - 伦理史(道德史)
      - 宗教史
      - 文学史
      - 哲学史
      - 美术史
      - 教育史
      - ……
    - 理论之部 (人文学亦曰文化学)
      - ……
      - 政治学
      - 经济学
      - 法理学
      - 伦理学(道德学)
      - 宗教学
      - 文　学
      - 哲　学
      - 美　学
      - 教育学
  - 历史哲学(应入哲学系统)

历史理论与历史研究法决非同物,但此二者常易相混。有谓历史研究法上的议论为历史理论者,又有称历史研究法为史学原理者,此皆非是。称一种学问的研究法为其学问的理论与原理,实不妥当。学问的理论与原理,是说明一种学问对象的一般的性质,形式,理法者;例如经济学即经济理论,是说明经济现象的一般的性质,形式,理法的;历史学即历史理论,是说明历史现象的一般的性质,形式,理法的;不得云经济理论即是经济学研究法,历史理论即是历史研究法。一种学问的研究法,是说明怎样去研究那种学问对象的性质,形式,理法的方法的;其性质,范围,与一种学问的理论,纯为二物。例如历史研究法,是说明历史学所研究的材料都是些什么?怎样去采集他们,选择他们,编制他们,整理他们?怎样去就史的事实,一一的加以考证,与以确定?怎样去考察事实相互间的因果,而说明之,解释之,明其所以然的道理?怎样去汇类全般的史实,而考察其一般的性质,普通的形式,普遍的理法?更依此理法以为说明与解释,这都是历史法的任务。此外还有一种历史编纂法(Historiography)是说明怎样去依学术的方法以编纂记述的历史?怎样去编制图表?这亦可附属于历史研究法内。由是言之,历史研究法中有一部分是历史理论的方法论,但历史理论的方法论与历史理论的本身,迥非同物;此理不待辨而自明。固然,在历史研究法中,亦当有论及历史理论的地方;但不能据此以为历史理论应该附属于历史研究法的理由。历史研究法是教人应依如何的次第方法去作史学研究的阶梯学问,是史学的辅助学问。历史理论则非别的学问的辅助与预备,实为构成广义的史学的最要部分。当兹历史理论的系统尚未完成确立的时代,每易使人致疑于历史理论就是历史研究法;历史研究法以外,别无历史理论存在的必要,这不能不与以辨明。一以证历史理论之宜独立的存在,一以明二者学问上的性质,告人以不可混同的理由;故特附数言于此。但有一事望读者幸勿误会,我这一段议论,却不是扬理论而抑方法。兹所云云,亦惟在明其性质,毫不含有价值轩轾的意味于其间。研究一种学问方法论的讨究,亦为极要,而且甚难。吾侪治群学史学者,不可不于史学研究法多多致力。

四、史学在科学中的位置

史学,哲学,文学,可称为三姊妹的学问,关系极为密切。溯其原始,三者皆起于古代的神话传说,渐进而流别各殊,然其间终有互相疏通的自然倾向,大有朝宗归一的趋势。

进化的程序，大抵由浑之画，由简之繁；学问的分科别部以为研究，亦是学术进化的必然的结果，于是学者各分疆域，于自己所研究的范域内，专其力以精其业。顾其流弊所趋则于“专”“精”之义做到十分，而于“贯通”之义，几付之阙如。学者于此，类皆疆域自守，老死不相往来，以遂其专一的责业，深造的工夫，殆无博征广涉的余暇。即就史，哲，文，三者而论，其关系如兹其接近，而欲通其界域，以成相辅相益的关系，犹非易事，况于其他！

文，哲，史三者并举始自倍根 Francis Bacon，倍根以西历一五六〇年一月二十二日生于伦敦 The Strand 街约克馆 York House。所著《学术的发展》*Advancement of Learning*（此书的详名为 *The Two Books of Francis Bacon, of the Proficience and Advancement of Learning, Devine and Humane*）。实以一六〇五年秋出版。其时倍根年四十六岁。彼于此书，博观学问的全体，详述当时学问的现状，更论今后尚要于如何的方面益进而为研究。厥后倍根晚年，更以是书为基础，加以补订，于一六二三年复以拉丁文公之当世，即 *De dignitate et augmentis Scientiarum*（*of the Dignity and Advancement of Learning*）是。倍根曾把全体学问，分为史学，哲学及诗，鼎足而三。其说即见于上述的二书中。

以其前后二书比较对勘，所论不无异同，缺于彼而见于此者有之。今据其拉丁文本，倍根认依心的能力类别学问为最良的方法，而先分之为历史 Historia（History），诗 Poesis（Poesy），哲学 Philosophia（Philosophy）三者。其意盖谓心灵有三种能力：一曰记忆 Memoria（Memory），二曰想象 Phantasia（Imagination），三曰理性 Ratio（Reason），而以历史为关于记忆者，诗为关于想象者，哲学为关于理性者。彼可分历史为二类：一为自然史 Historia Naturalis（Natural History），一为人事史 Historia Civilis（Civil History），此外如宗教史 Historia Ecclesiastica（Ecclesiastical History），文学史 Historia Literaria（Literay History），倍根则悉纳之于人事史中。倍根视文学史极为重要，以为尚未曾有。他说无文学史，则世界的历史将无特能表现其精神与生命者，正如 Polyphemus（Cyclopes 岛的首长出何美儿 Homer 诗）的像没有眼睛一样。故彼以文学史宜作，而尝论其研究编纂的方法。顾倍根之所谓文学史，非今世所云的文学史，乃为一种学艺史。从倍根的说，则哲学宜分为三部分：其一关于神明 Numen（the Deity），其二关于自然 Natura（Nature），其三关于人 Homo（Human），此外尚须有一为此等部门的本源的普遍的学问谓之 Philosophia Prima Philosophia Prima 者即第一根源的哲学。倍根之所谓诗，似非韵文的意味，乃指某一种类的文学,即想象假作而叙事者。又其所谓 Philosophia 者,从通例亦译为哲学,实则译作“穷理”,较为稳当。

“De Augmentis”,在西洋思想史上为特可注意的一种;而史,哲,诗的鼎立论,亦于欧洲学问分类法的历史上特别的显著。随着时代的迁移,思想亦生变化。学问发达的程度,既代有不同,从而关于学问的分类,各种学科的位置,自生新的见解。史,哲,诗的三分法,不足以适应当代学问的分类;则有孔德,斯宾塞诸子,起而别创新分类法,以求适应当代学问所达到的程度。即专就历史与哲学而论,今人解此二者,与倍根不同;古时用哲学一语,义颇含括;今则限制谨严,不容泛假,普通所谓科学者,则另外认其存在了。历史一辞,偶有用于关乎自然事物者,即今亦非全无;然在今日,通例一言历史,人即认为专关于人事;且以历史为关于记忆者,哲学为关于理性者,亦为今人所不能满足;古今人关于此二者的解释不同,亦不容含混过去。

史学在欧洲中世以前,几乎全受神学的支配;以为人间的运命,全依神的命令而定;历史的行程,惟以神意与天命为准。那教父奥古士丁(Augustin)的思想,即是这种历史观的代表。所著《神国二十二书》,即是发表这个思想的。其思想直至今日,尚为全世界的基督教所代表。他说历史是由魔国移向神国人间努力的过程。个人于兹世的生活，以应神的思召者为最有价值；国民的活动，亦以尽力于建神的国于地上者始有价值。厥后谷灵蒲（George Grupp）著“文化系统及历史”，即宗此说。在此等时代，神学而外，几无科学之可言。到了十六七世纪顷，宗教的权威，随着文艺复兴的运动，渐归澌灭，所谓启蒙思想，盛行于时。十六世纪中，已有哥白尼（Copernicus）及凯蒲儿（Kepler）出，推翻天动说，建立地动说。入十七世纪，加理略（Galilei）见灯笼摇动，而有摆动法则的发见，奈端（Newton）见苹果落地，而有引力法则的发见。依据引力法则，可以解释一切自然界的现象，唯物论，无神论的宇宙观，人生观，于是乎发端到了康德的时代，他已经想望当有凯蒲儿及奈端其人者，诞生于史学界；迨经孔道西（Condorcet），桑西门（Saint-Simon），孔德（Comte），韦柯（Vico），马克思（Karl Marx），诸哲，先后努力的结果，已于历史发见一定的法则，遂把史学提到与自然科学同等的地位，历史学遂得在科学系统中占有相当的位置。

孔道西认历史是进步的，以智识进步的运动解释历史。他说历史的价值，在供给可以预见将来的材料，但必须发见一种运动的法则，始能据为预见的准则。而孔氏则不惟未曾立下这法则，亦且并未寻求这法则。

桑西门是孔道西的承继者，亦如孔德是桑西门的承继者一样。桑西门继孔道西起，认宇宙一切的现象形成一个统一的全体。吾人于自然现象既可依一定的法则寻出其间的因果关系，历史现象与自然现象何择？何以不能寻出一种如引力法则一样的法则，以于驳杂万状零碎无纪的历史事实中间考察其间的因果关系？换句话说，就是为要把历史学作成一种科学，不可不尽力为历史法则的发见。依此历史法则，不但可以说明过去及现在，并且可以说明将来。他认历史的联续，实亘过去现在及未来而为一个一贯的法则所支配。

桑西门由历史抽绎出来的法则，为组织的时代与批评的时代的递嬗，亦可以说是建设的时代与革命的时代的代嬗。在苏格拉的（Socrates）时代以前；希腊有一个组织的时代；继此而起的，是一个批评的时代，至蛮人侵入的时候止；继此而起的，又是一个组织的时代，此时代由 Charlemagne 时至十五世纪末止；继此而起的，又是一个新批评的时代，此时代由路德时起，以迄于今；继今而起的，必又是一个新组织的时代。

桑西门初受孔道西的影响，把知识的历史观，很强烈的表现于他的初期著作，谓历史的进动，其动因在知识的进步。知识决定宗教，宗教决定政治，故知识决定历史。后来承继这种历史观而发挥光大之者，实为孔德。

厥后桑西门观于法兰西大革命及革命后法兰西的

经济情形,其历史观乃一变而重视经济的因子;但其根本原理,即其方法论,并未有所变动。他看革命时的法兰西,政治上虽屡遭激变,而于社会生活的根底,未尝有何等可以认出的变化。以知政治形式的如何,于人类生活无何等本质的意义。政治于社会,不过是第二义的;构成社会生活的根底而决定历史者,不是知识,不是宗教,亦不是那建筑在知识上宗教上的政治,实是那致人类生活于可能的产业组织。他于是确立一种历史的法则,认历史过程,惟有经由产业组织的变化才能理解;将来的社会,亦惟依产业发达的倾向才能测度,这是桑西门的经济的历史观。后来把此说发扬光大集其大成者,厥为马克思。

孔德承桑西门的绪余,从知识的进步上考察历史的法则,以成他的“三阶段的法则”(Law of three stages)。孔德认历史的发展,实遵此三阶段的法则而进。不但全个的历史行程是如此的,便是一个知识,一种科学,或是天文学,或是社会学,莫不遵此法则以为进步。所谓三阶段的法则,就是说社会的进化分为三个时期:第一时期,是神学的阶段,或云假设的;第二时期,是玄学的阶段,或云抽象的;第三时期,是科学的阶段,或云实证的。第一阶段,是人智发展的开端,第三阶段是人智发展的终局。这是孔德实证哲学的根本论法,亦即是孔德的学术系统中的社会学的根本理法。

可与桑西门,孔德并称为历史学社会学的先驱者,还有韦柯。他是个义大利人。生于十八世纪。在那个时代,他的学说并未发生若何的影响。后世学者说他的思想,在十八世纪是太早的“时代错误”(Anachronism)。所著《新科学论》(Scienza Nuova),直到十九世纪法兰西革命后,才由Michelet 译成法文,他的思想,在史学界才发生了影响。

韦柯立志想把社会的研究放在那依笛卡儿(Descartes)奈端辈的成绩所确保的确实基础上。他的根本观念,在谓社会历史的发明解释,须寻之于人类精神。世界与其说先是想出来的,不如说先是觉出来的,这便是生存于自然状态没有政治组织的原人的情境;第二期的精神状态,是想象的知识,亦可说是诗的智慧,英雄时代(Heroic age)的半开社会,恰当于此境;最后是概念的知识,适当于开明时代。这亦可以说是韦柯的“三阶段的法则”。他认各种社会皆须经过此三期。每一期的知识状态,可以决定那一期的法律,制度,言语,文学,并人类的品德与性质。他主张社会是一期衰退,一期昌明,依螺旋状的运动(Spiral Movement),循环着向前进步。

唯物论的历史观,有两派可以代表,一派是海尔革(Hellwald)及席克(Seeck)等的进化论派,一派是马克思及恩格斯(Engels)辈的经济学派。

海氏著有《自然的发展上的文化史》(一八七五年),席氏著有《古代世界衰亡史》(今已出至五卷一八九四年——一九一三年),都以生物学上的根本法则解释历史。

马克思一派,则以物质的生产关系为社会构造的基础,决定一切社会构造的上层。故社会的生产方法一有变动,则那个社会的政治,法律,伦理,学艺等等,悉随之变动,以求适应于此新经变动的经济生活。故法律,伦理等,不能决定经济,而经济能决定法律伦理等。这就是马克思等找出来的历史的根本理法。

这样子历史学在科学上得有相当的位置。治史学者,亦得有法则可循。后来有一派学者起来,不以此为满足。他们以为历史学虽依此得有在科学中的位置,但此位置终系比附自然科学而取得的;于是努力提倡一种精神科学,使与自然科学对立。作这种运动的先驱者,首为翁特(Wundt),余如兰蒲瑞西(Lamprecht),亦欲依此方法定历史的学问的性质。然翁特等所主张的精神科学,由学问的性质上说,亦与自然科学等是以法则的发见为其目的。固然,依翁特的见解虽等是说因果的法则,但为精神科学的目的者是内的法则,与自然科学所研究的外的因果法迥异。然自学问的性质上看,二者之间,终无大差。这个运动,仍不能给历史学以对于自然科学得有独立的位置的保证。于是又有继翁特精神科学的运动而起者，则德国西南学派的文化科学运动是。

德国西南学派，亦称巴丹学派，与马尔布尔西学派同以新康德派见称于世。此派创始于文蝶儿班德（W. Windelband），而理恺尔特（H. Rickert）实大成之。余如梅理士（G. Mehlis），拉士克（E. Lask）等，皆为此派的中坚。今也，文氏终老，拉氏亦复战死于疆场，西南学派的重镇，屈指数来，不能不推理梅二氏了。

此派的历史哲学，亦称为新理想主义的历史哲学。这种运动，就是主张于自然科学外建立历史的科学，即文化科学的运动。自然科学的对象，即是自然。自然为物，同一者可使多次反复，换句话说，就是说同一者可使从一般的法则反复回演，如斯者以之为学问的对象，不能加以否认；因而自然科学的成立，亦易得有基础。然学问的对象，于可使几度反复回演者外，还有只是一回起一趟过者：这不是一般的东西，乃是特殊的东西；不是从法则者，乃是持个性者，是即历史。应该于自然科学外，另立文化科学，即是历史的科学以研究之。自然科学的对象为自然，文化科学的对象为文化；自然是一般的东西，故须用一般化的方法研究之，文化是持个性者，故须用个性化的方法研究之；自然不含有价值，故用离于价值的方法，文化含有价值的意味，故用价值关系的方法。他们不把历史看作法则学，却把历史看作事实学。这文化科学能够成立与否,现方在学者研究讨论中。这是史学在科学系统中发展的径路。

五、史学与其相关学问的关系

与史学有较近的关系的学问,大别可分为六类:

第一类,言语学,文学。

第二类,哲学,心理学,论理学,伦理学,美学,教育学,宗教学。

第三类,政治学,经济学,法律学,社会学,统计学。

第四类,人类学,人种学,土俗学,考古学,金石学,古书学,古文学书。

第五类,关于自然现象的诸种科学,及其应用诸科学(包含医学工学等)。

第六类,地理学。

在上所举的与史学有关系的学问中,我只择出文学哲学社会学三种,说一说他们与史学的关系;因为这三种学问,与史学的关系尤为密切。

甲、史学与文学

古者文史相通,一言历史,即联想到班马的文章,这是因为文史的发源,都源古代的神话与传说的原故。这些神话与传记的记载,即是古代的文学,亦是古代的历史;故文史不分,相沿下来,纂著历史的人,必为长于文学的人。其实研究历史的学者,不必为文豪,为诗人;而且就史实为科学的研究,与其要诗人狂热的情感,毋宁要科学家冷静的头脑。至于记述历史的编著,自以历史文学家执笔为宜。因为文学家的笔墨,能美术的描写历史的事实,绘影绘声,期于活现当日的实况。但为此亦须有其限度,即以诗人狂热的情热生动历史的事实,应以不铺张或淹没事实为准。这样子编成的历史,含有两种性质:一方是历史的文学,一方是历史科学的资料。

现代的报纸,其性质亦与史相近。有人说在某种意义,历史可以说是过去的报章,报章可以说是现在的历史。这话亦有些道理。作报的人要有文学的天才,亦要有史学的知识。这样子做报,那作出的报章,才是未来史家的绝好材料。

乙、史学与哲学

史学与哲学的关系,得从两个异点考察之:第一,史学与哲学伊古以来曾于实际有如何的关系?二者之间,事实上有如何相互的影响与感应?第二,二者由其研究的性质上有如何相互的关系？前者谓之历史上的关系，后者谓之性质上的关系。今欲研究二者历史上的关系，其事非我的能力所能胜。兹但就其性质上的关系，由二者的立脚点分别以为观察。

（一）以史学为主对于哲学的关系

（1）史学的对象，既为人生与其产物的文化，则为文化一要素的哲学，当然亦在史学的对象中。研究历史者，有时要研考一时代的文学，美术，宗教，道德，法律，政治，经济，有时亦要研考一时代的哲学思想的由来，及其变迁沿革，并其与其他文化诸要素发展进化的相互关系，乃至其及于国性民德的影响感应等。

（2）史学家应否有一个一定的历史观，言人人殊。或谓史家宜虚怀若谷，以冷空的智慧，观察史实；不宜豫存一先入为主的历史观。此言殊未尽然，史实纷纭，浩如烟海，倘治史实者不有一个合理的历史观供其依据，那真是一部十七史，将从何处说起？必且治丝益棼，茫无头绪。而况历史观的构成，半由于学问智识的陶养，半由于其人的环境与气质的趋倾，无论何人，总于不知不觉之中，有他的历史观在那里存在。夫历史观乃解析史实的公分母，其于认事实的价值，寻绎其相互连锁的关系，施行大量的综合。实为必要的主观的要因。然则史学家而有一种历史观，其事非概可指斥，不过要堤防着过于偏执的或误谬的历史观就是了。然则历史观果何由而成呢？这固然与其人的气质，癖性，所处的境遇，所遭的时势有关；而过去或当代的哲学思想，直接间接有以陶熔而感化他的力量，亦不在少。然则哲学实为可以指导史的研究决定其一般倾向的历史观的一个主要的渊源。

（3）历史理论为寻得究竟的假设，与一般原理的阐明，不能不求助于历史哲学，有时尚不能不求助于一般哲学。

（4）史学研究法与一般论理学（含有认识论及一般方法论）或智识哲学有相关涉的地方。

（二）以哲学为主对于史学的关系

（1）哲学要亘人生界自然界宇宙一切现象为统一的考察。历史事实既为人生现象，当然属于哲学考量的对象中而为其一部分。若于一哲学系统中，不列入历史事实，则其系统决非完全。

（2）哲学门中，人生哲学或历史哲学，特有关于历史事实。其研究虽与特殊科学的学科异其考察法，其性质亦不相同；然非以特殊科学的史学的研究为基础，适当的斟酌采取其结果，则其根据决不确固。

（3）凡于特殊科学的研究上所能得的一般的见解，常有含蓄哲学的要素或暗示哲学的思索者，其影响感应每能及于哲学。哲学固能对于特殊科学供给一般的原理及根本观念,特殊科学亦能供给哲学以某种观察的方法,思考的方法。这些方法,多足以启示其新进路。哲学由数学物理学乃至生物学的发达进步所受的影响感化,盖不为少。史的研究(虽称为国家学社会学的研究者,苟其性质为历史的,即以纳于史的研究中为当。)的发达进步,亦有给新观察法思考法于哲学的思索而助其进步的地方。

(4) 某一国家某一时代的哲学,恒与其国家其时代的社会情状一般人文的形态有密切的关系。欲明此关系,正当的理解过去及现在的哲学系统的位置,与以适当的评判,以有一般历史的确实知识为必要。

(5) 一个哲学家的思想,与其人的体质,人格,教育,环境,及一般的经验,均有关系。苟欲澈知其人思想的由来,必须就其人的气质,品性,家系,血统,乃至亲缘,师友,一一加以考察。此等考察即传记的研究,为史学上的研究之一种。其研究方法,须合于史学研究法一般的原理。

(6) 哲学史即是历史的一种类。关于哲学思想的生成发展的研究,其性质亦为一种历史的研究,而属于史学研究法所能应用的范围中。

综上所论,则知史学与哲学,实非漠不相关。二者于研究的性质上,有互相辅助的关系。

今为明了其关系起见,特为列表如下:

史学与哲学的关系

- 历史上的关系……史学对于哲学
  1. 史学亦以哲学为其研究的对象
  2. 史学家恒由哲学得来历史观
  3. 历史理论求其究竟的假设一般原理的阐明于哲学
  4. 史学研究法与一般论理学或智识哲学有关涉
- 性质上的关系……哲学对于史学
  1. 历史事实属于哲学应该考量的对象中
  2. 人生哲学历史哲学尤须以史学研究的结果为基础
  3. 哲学可由历史的研究得来某种观察法与考量法
  4. 为明哲学与一般社会及人文状态的关系以一般历史的知识为必要
  5. 为知各哲学家的学说与其人物的经历的关系有施行传记的研究适用史学研究法的必要
  6. 哲学史的研究亦为一种历史的研究

史学与哲学在学问上的接触实集中于两点:一为哲学史,一为历史哲学。

哲学史普通虽看作哲学的学科之一,同时亦可以说在史学的范围内。其所研究的对象,虽为哲学;而其观察法,则为历史的。由其研究的性质上言之,亦实为一种的历史,只以其所研究的对象与普通历史不同,故人们觉着他似与普通历史大异其趣。然欲研究哲学史,必先搜集史料,下一番选择批判的工夫,由是而确定事实(凡所表明的思想所主倡的学说均包含之),综合之以明其生成发展的关系,其研究亦为一种史的研究,与他种历史上的研究大体上毫无差异。

哲学史的主要史料,当为学者的著书。凡关于著书的真伪,笔写校刊时所生的字句的变动,窜入,脱误,撰述的年代,地方,原因,动机,种种研究,皆与一般史料的研究同其性质,可以适用同一的研究法。

哲学史家欲一一考察哲学家的为人及其经历;欲知其与其所怀抱的哲学思想有何等的关系,须为传记的研究。当此时会,与普通作传记的研究的历史家立于同样的地位,作同样的工作。

一个哲学家考察一般文化的状态社会的情境与哲学思想的关系,不止于研究哲学思想的本身,同时亦有就一般研究的问题行某程度某范围的研究的必要。为应自己研究的特别目的,就一般历史上的某特别事项,不能得到精细确实的依据时;有时亦要自己下手,搜集根本史料,作一番新研究。这样看来,哲学史家同时要具哲学家史学家的二种资格。

把哲学当作文化的一要素去看,哲学的历史,当然为构成文化史的一部分者,由哲学与诸般科学的关系上去看,哲学的历史,当然是学术史思想史的主要部分。但哲学史不但可以包括于此等范围更广的历史中,即其本身亦固有可以独立的存在的理由。

历史哲学是由统一的见地而观察历史事实者,是依哲学的考察,就人生及为其产物的文化为根本的说明深透的解释者。

在严密的意义上的历史哲学,不当视为属于一个特殊科学的史学,当视为构成哲学的一部分者。于科学的考察与哲学的考察间,当立区别,而防二者的混同,这固然不错;然欲截然分清,则亦势所难能。盖以二者关系的亲密,方有事于此科的研究,自然的易涉及于彼科的研究。

历史哲学一语,若于严正的意义用之,则为哲学组织的一部分,非能难于哲学系统而别自存在者,即非可属于一个特殊科学的史学范围内者;然于严正意义的历史科学(即历史理论),亦非能为哲学组织的一部分,非可存于哲学系统中，而当与记述历史等共包括于广义的史学内。从来习例，哲学一语，每致被人泛用；故于历史哲学，亦常有人以广义解之，漠然视为泛称关于历史事实的理论的考察者。如傅林特(Flint)所称的历史哲学，其概念即极其广泛。兹将其为历史哲学所下的定义，抄译于下：

"The philosophy of history is not a something separated from the facts of history, but a something contained in them. The more a man gets into the meaning of them, the more he gets into it, and it into him; for it is simply the meaning, the rational interpretation, the knowledge of the true nature and essential relations of the facts."

"历史哲学不是一些从历史事实分离出来的东西，乃是一些包蕴在历史事实里边的东西。一个人愈深入于历史事实的意义中，愈能深入于历史哲学中，即历史哲学愈能深喻于其理智；因为历史哲学纯是些历史事实的真实性质与根本关系之意义之合理的解释之智识而已。"

有些史学家则谓历史哲学一语不宜泛用。夫既于自然科学外认心性及人事诸科学存在，而此心性及人事诸科学纵令与哲学有极密切的关系，而以既已看作为离于严正的哲学而存在者以上，则为指示一个当属于人事科学的研究，而用哲学一语，终不妥当。关于历史事实的理论的研究，若为科学的，则不称之为历史哲学，而当以他名赐之，此说颇有道理。为划清学问的界范起见，似宜限定历史哲学的意义，使与历史科学分开，不相混合，以避误解。

哲学的考察与科学的考察，本来不同。哲学的考察，是就一切事物达到某统一的见地，由其见地观察诸般事物的本性及原则者；而科学的考察，则限于必要时，假定某原则定理，专本于特殊研究以说明某种特定事物的性质及理法者。二者之间既有区别，则于就历史事实的哲学的考察，即是历史哲学，与就历史事实的科学的考察，即是历史科学间，亦不可不加以区别。

严正的历史哲学与历史科学间的关系，恰如严正的自然哲学与物理学间的关系。翁特认自然哲学为其哲学系统的一部。此以哲学系统的一部而存在的自然哲学，与以一特殊科学而存在的物理学，自不能不异其趣。历史哲学与历史科学之关系亦然。从前亦有人用自然哲学一语为物理学的别名者，今则无之；而历史哲学与历史科学的界域不清，名辞互用，虽在今日，犹尚有然。

吾人于科学之外，还要哲学，还要攻究世界的原理就全体而与吾人以统一的智识关于一切事物为根本的说明之哲学。在哲学的完全组织中,基于世界的原理,由统一的见地,特就历史事实与以根本的说明之一部分,亦为不可缺者。故吾人于历史科学之外,承认为哲学组织的一部之历史哲学存在,承认二者不可偏废。研究历史哲学,是哲学家的责任;研究历史科学,是史学家的责任。然二者之间,固有极密切的关系,其互相辅助互相资益的地方甚多。历史哲学,有时要借重历史科学研究的结果,利用其所供给的材料;历史科学,研究到根本问题的时候,亦要依据历史哲学所阐明的深奥高远的原理,以求其启发与指导。惟以于研究的性质,于考察的方法,有所差异的原故,不能不加以区别。

傅林特则谓科学与哲学二语互相代用亦无不可,于二者间严立界域,不惟不能,抑且不可;因为区别二者过严,则有泯视科学与哲学的亲密关系的顾虑。夫谓科学与哲学,不能截然分离,固亦未尝无相当的理由;然为研究的便利起见,而限定其性质与范围,似亦科学分类上之所许。

有一派哲学家,于哲学问题中特别看重智识的批评之问题。这一派人自然要认历史的智识的批评为历史哲学的主要问题。此事曩不为学者所注意,近始注意及之。这批评的论究,即智识学的论究,今后将日益精微,诚为最堪属望之一事;然若以历史哲学的任务,为专在论究历史的智识的批评，即形式的批评，此外更无其他应当研究的问题，则未免强历史哲学的广大范围以纳于狭小的局部，而没却其本来的领域，殆非通论。不错，这种形式的批评的论究，于实行历史哲学实质的建设的论究，亦诚为必要；其应该存在，亦为吾人所承认；但他只是历史哲学之准备的研究，入门的初步，不能说他就是历史哲学的全体。

历史哲学所当究论的问题，到底是些什么问题呢？大体言之，历史哲学所当究论的问题，应是些比在历史学上所究论的，更普遍，更渊深，更根本的问题。历史学与历史哲学间的差异，如果止于此点，人且疑为这仅是程度上的事；抑知二者之间，尚有更重要的性质上的差别在。原来科学之所穷，即哲学之所始。凡历史事实之非历史科学所能探究，所能解释的问题，都归历史哲学的领域。即凡历史事实之须从哲学的见地基于世界全体的原理以根本的说明其本性及原则者，都为历史哲学所当研究的问题。例如历史事实究竟的本性如何？历史事实的根本原则如何？历史事实或于各个或于全体究竟有如何的意义？这些问题，都是历史哲学领域内的问题。

史学是研究人生及其产物的文化的学问，哲学亦是研究人生根本问题的学问，二者原有密切的关系。吾人对于人生现象,有时只靠科学的说明,不能满足;则进而求之于哲学,以期得一比较普遍而根本的解决,这亦是自然的要求。例如由统一的见地去看人生果为如何者?于个人于氏族于国民于民族乃至于人类的人生,各为构成全体的部分,果有特定的意义吗?果有特定的天职吗?人类的经历果有一个前定的轨道吗?宇宙间果有一个能豫想的大意匠吗?人生果不能说是和作梦一样吗?所谓历史事实,吾人所认识的,果是真实的?还是幻妄的?人事的现象,果真有如吾人所认识的形式与内容吗?人事果然是受一定的主宰者的统制,遵着他的根本大法以为运行的呢?还是乱哄哄的瞎碰一气漂流在那无计划无方向的运命的海里,"譬彼舟流不知所届"呢?一个人,一氏族,一国家,一民族,乃至全人类的荣枯,兴亡,盛衰,隆替,果然是命也如此,无可如何呢?还是祸福吉凶,惟人自召呢?茫茫人事,果于不识不知中,由某点进行向某点归宿吗?人生果有目的吗?历史果有目的吗?人事的纷纭变化,果然是依单纯原理的发展而表现出来的吗?所谓历史于世界的进步者,毕竟可认为有何价值有何意义而可理解吗?吾人于纷纷扰扰的生活中,少一驰思于物外,凝想于心中,这些问题,必要自然的发生而不能遏止。骤见之虽似空漠无用,其实皆为关于人生最切要的问题,吾人亦安能忍而不思求一解释？关于此等问题的解答，宜先根据认识论上一般的考察，精察其何者为人智所终不能知，何者可试为推论思议到如何的程度。于其终非人智所及知者，则说明其所以不能为人智所及知的理，所谓“知之为知之不知为不知是知也”；于其可试为推论思议到某程度者，则进而为推论思议至于其所能几的程度。这正是哲学家的任务。此等关于历史事实的根本原理原则的研究，应归入历史哲学的范围。被历史哲学的名辞于此等问题的研究，最为稳当。此等属于哲学家范围内的研究，史学家固不必强为包揽，而哲学家则宜引为己任。至若史学家于就历史事实为科学的研究之余暇，亦欲试为历史哲学的研究；或以哲学名世之人，亦欲就历史事实试其科学的考证，皆为无妨，或且必要。不过为明学术分界以图是等研究的健全发展起见，不能不立历史学与历史哲学的区别而已。

丙、史学与社会学

史学与社会学有密切的关系，其理至明，无待赘论。现今所要论的，是历史学与社会学是否同物？倘非同物，其异点安在？既有了社会学，历史理论的一学科，还有没有成立的必要？设使历史学（即是历史理论）这一学科一旦完全成立,那与他性质最近的社会学,还有没有存在的必要?某学者说历史不是汇集过去所起的各种类的事件的东西,乃是人类社会的科学。近顷世人虽造出社会学一语,然此与 Histoire 实为同物。历史是研究社会事实的学问,所以就是社会学。虽然,吾人终认二者之间,有些不同;终以为不可认作全为同物。不错,社会学所研究的对象是社会,历史学所研究的对象亦是社会;社会学的起原,实亦起于历史上理论的考察,是由欲于历史寻出理法的动机自然发生出来的东西:桑西门是寻求理法于历史的一人,所以他又是一个社会学先驱者;孔德是寻求理法于历史的一人,所以他亦是一个社会学先驱者;韦柯亦然,但吾人不能以此而遂不认其间有相异的性质。历史学的目的,在考察人类社会生活的经历,及其变革;而社会学乃在人类社会生活的结合,及其组织。历史学是就人及人群的生活经历为理论的研究,以寻其理法者;社会学是就人群的共同生存的一切社会现象,为理论的研究,以寻其理法者。简明的说,历史学是把人类社会的生活纵起来研究的学问,社会学是把人类社会的生活横起来研究的学问。吾人若欲把人事现象充分的施行科学的研究,二者悉所必要。自其学问的性质上说,二者有相资相倚的关系,自不待言。

六、现代史学的研究及于人生态度的影响

凡是一种学问,或是一种知识,必于人生有用,才是真的学问,真的知识;否则不能说他是学问,或是知识。历史学是研究人类生活及其产物的文化的学问,自然与人生有密切的关系;史学既能成为一种学问,一种知识,自然亦要于人生有用才是。依我看来,现代史学的研究,及于人生态度的影响很大。第一,史学能陶炼吾人于科学的态度。所谓科学的态度,有二要点:一为尊疑,一为重据,史学家即以此二者为可宝贵的信条。凡遇一种材料,必要怀疑他,批评他,选择他,找他的确实的证据;有了确实的证据,然后对于此等事实方能置信;根据这确有证据的事实所编成的纪录,所说明的理法,才算比较的近于真理,比较的可信。凡学都所以求真,而历史为尤然。这种求真的态度,薰陶渐渍,深入于人的心性;则可造成一种认真的习性,凡事都要脚踏实地去作,不驰于空想,不骛于虚声,而惟以求真的态度作踏实的工夫。以此态度求学,则真理可明;以此态度作事,则功业可就,史学的影响于人生态度,其力有若此者。因此有一班学者,遂谓史学的研究日趋严重,是人类的精神

渐即老成的征兆。在智力的少年时期,世界于他们是新奇的,是足以炫夺心目的,使他们不易起热烈的研究世界的过去的兴味。生活于他们是一个冒险,世界于他们是一个探险的所在,他们不很注意人间曾经作过的事物,却注意到那些将来人类所可作的事物。为的是奋兴他们,历史似应作成一个传奇小说的样子,以燃烧他们的想象;无须作成一个哲学的样子,以启悟他们的明慧。这样的奋往向前欢迎将来的少年精神,诚足以令人活跃,令人飞腾,然若只管活跃,只管飞腾,而不留心所据的场所,是否实地;则其将来的企图,都为空笔,都为梦想。本求迈远腾高,结局反困蹶于空虚的境界,而不能于实地进行一步。而在有训练与觉醒的老成的精神则不然,他们很知道世界给与吾人以机会的俄顷,必有些限制潜伏于此机会之下以与之俱。这些限制,吾人必须了喻,有时且必须屈服。所以他们很热心的去研究过去,解喻人生,以期获得一种哲学的明慧,去照澈人生经过的道路,以同情于人类所曾作过的事而致合理的生活于可能的境界。史学的研究,即所以扩大他们对于过去的同情,促进他们的合理的生活的。研究历史的趣味的盛行,是一个时代正在生长成熟正在寻求聪明而且感奋的对于人生的大观的征兆。这种智力的老成,并于奋勇冒险的精神,不但未有以消阻,而且反有以增进,一样可以寻出一种新世界,供他们冒险的试验。立在过去的世界上,寻出来的新世界,是真的,实的,脚踏实地可以达到的;那梦想将来所见的新世界,是虚的,假的,只有在“乌托邦”“无何有之乡”里可以描写的。过去一段的历史,恰如“时”在人生世界上建筑起来的一座高楼,里边一层一层的陈列着我们人类累代相传下来的家珍国宝。这一座高楼,只有生长成熟踏践实地的健足,才能拾级而升,把凡所经过的层级所陈的珍宝,一览无遗;然后上临绝顶,登楼四望,无限的将来的远景,不尽的人生的大观,才能比较的眺望清楚。在这种光景中,可以认识出来人生前进的大路。我们登这过去的崇楼登的愈高,愈能把未来人生的光景及其道路,认识的愈清。无限的未来世界,只有在过去的崇楼顶上,才能看得清楚;无限的过去的崇楼,只有老成练达踏实奋进的健足,才能登得上去。一切过去,都是供我们利用的材料。我们的将来,是我们凭藉过去的材料现在的劳作创造出来的。这是现代史学给我们的科学的态度。这种科学的态度,造成我们脚踏实地的人生观。从前史学未发达的时代,人们只是在过去的纪录里去找历史,以为历史只是过去的事迹。现代的史学告我们以有生命的历史不是这些过去的纪录。有生命的历史,实是一个亘过去现在未来的全人类的生活。过去现在未来是一线贯下来的。这一线贯下来的时间里的历史的人生，是一趟过的，是一直向前进的，不容我们徘徊审顾的。历史的进路，纵然有时一盛一衰一衰一盛的作螺旋状的运动，但此亦是循环着前进的，上升的，不是循环着停滞的，亦不是循环着逆返的，退落的，这样子给我们以一个进步的世界观。我们既认定世界是进步的，历史是进步的，我们在此进步的世界中，历史中，即不应该悲观，不应该拜古，只应该欢天喜地的在这只容一趟过的大路上向前行走，前途有我们的光明，将来有我们的黄金世界。这是现代史学给我们的乐天努进的人生观。旧历史观认历史是神造的，是天命的，天生圣人则世运昌明，天降鞠凶则丧乱无已，本着这种史观所编的历史，全把那皇帝王公侯伯世爵这等特权阶级放在神权保护之下。使一般人民对于所遭的丧乱，所受的艰难，是暴虐，是篡窃，是焚杀，是淫掠，不但不能反抗，抑且不敢怨恨，“臣罪当诛，天王明圣”，无论其所受的痛苦，惨酷到如何地步，亦只能感恩，只能颂德，只能发出“昊天不吊”的哀诉，“我生不辰”的悲吟而已；在这种历史中，所能找出来的，只是些上帝，皇天，圣人，王者，决找不到我们的自己，这种历史全把人们的个性，消泯于麻木不仁的状态中，只有老老实实的听人宰割而已。新历史观及本着新历史观编成的历史则不然，他教吾人以社会生活的动因，不在“赫赫”“皇矣”的天神,不在“天亶”“天纵”的圣哲,乃在社会的生存的本身。一个智识的发见,技术的发明,乃至把是等发见发明致之于实用,都是像我们一样的社会上的人人劳作的结果。这种生活技术的进步,变动了社会的全生活,改进了历史的阶段。这种历史观,导引我们在历史中发见了我们的世界,发见了我们的自己,使我们自觉我们自己的权威,知道过去的历史,就是我们这样的人人共同造出来的,现在乃至将来的历史,亦还是如此。即吾人浏览史乘,读到英雄豪杰为国家为民族舍身效命以为牺牲的地方,亦能认识出来这一班所谓英雄所谓豪杰的人物,并非有与常人有何殊异,只是他们感觉到这社会的要求敏锐些,想要满足这社会的要求的情绪热烈些,所以挺身而起为社会献身,在历史上留下可歌可哭的悲剧,壮剧。我们后世读史者不觉对之感奋兴起,自然而然的发生一种敬仰心,引起“有为者亦若是”的情绪,愿为社会先驱的决心亦于是乎油然而起了。这是由史学的研究引出来的舜人亦人感奋兴起的情绪。自然,随着史学研究的利益,亦有些弊害影响到我们心性上的。例如治史学的人,临事遇物,常好迟疑审顾,且往往为琐屑末节所拘,不能达观其大者远者,这不能不说是随着史学研究发生的弊害。但若稍窥哲学的门径,此等弊害,均能以哲学的通识达观药之,稍一注意,即能避免。吾信历史中有我们的人生，有我们的世界，有我们的自己，吾故以此小册为历史学作宣传，煽扬吾人对于历史学研究的兴趣，亦便是煽扬吾人向历史中寻找人生寻找世界寻找自己的兴趣。

李大钊先生学术年表*

李大钊,字守常;原名李耆年,字寿昌。1913 年一度更名为龟年,字或号严明;不久改名为大钊,字守常。笔名、化名等主要有:李钊、钊、冥冥、L. S. C 生、S. C 生、剑影、T. C 生、明明、常、孤松、李侯、去闇、S. C、T. C. L、T. C、T. C. Li、李琴华、秦华、李鼎丞、猎夫、猎父、白和、列武等。

1889 年(清光绪十五年)

10 月 29 日,生于直隶省(今河北省)乐亭县大黑坨村怀德堂——李如珍家。乳名憨头。大祖父李如珍,字怀瑾,生于道光七年(1827 年),卒于清光绪三十二年(1906 年)秋。祖父李如珠。父李任荣,字华亭,生于清同治六年四月二十六日(1867 年 5 月 29 日),过继给李如珠之兄李如珍为子,1889 年农历四月因病逝世。母亲周氏,生于清同治三年农历腊月二十七日(1864 年 3 月

* 本年表由朱文通撰写。

5日),清光绪十七年(1891年3月7日)因病逝世。

1892年(清光绪十八年)

开始跟大祖父李如珍学习识字。

1895年(清光绪二十一年)

入本村谷宗海家私塾,师从秀才单子鳌读书。单子鳌给李大钊起名"耆年",字寿昌,盖出典自传说中秦始皇传国玉玺的铭文:"受命于天,既寿永昌。"

1898年(清光绪二十四年)

本年或下一年,到小黑坨村张攻璞家开设的专馆师从昌黎县增广生赵辉斗读书。

1899年(清光绪二十五年)

与本村福臻堂赵文隆的三女儿赵纫兰结婚。赵纫兰,生于清光绪九年腊月廿四(1884年1月21日),比李大钊年长5年零9个多月。

1902年(清光绪二十八年)

到永平府城卢龙参加童试,因染卷等未中。

冬,参加童试落榜后,转入本县城北井家坨井侯庄举人宋森荫家学馆,拜曾到北京国子监参加朝考的优贡黄宝琳为师,继续读书学习。

1905年(清光绪三十一年)

再次参加童试,顺利通过,遂准备参加院试。

秋,清政府废科举、兴学堂,李大钊因在童试中成绩优异，被永平府中学堂（卢龙县城）录取，即入学读书。在同学蒋卫平影响下，开始研读康有为、梁启超等人的著述文章。

1907年（清光绪三十三年）

7—8月，与同学赴天津报考新学堂，先后参加长芦银行实习所、北洋法政专门学堂等学校的招生考试，均被录取，最终选定北洋法政专门学堂。

9月2日，到北洋法政专门学堂读书，开始了长达六年的学习生活。该校为袁世凯所办，主要课程有：日语、英语、宪法、民法、刑法、国际公法、私法、商法、地方自治、政治学、社会学、政治史、外交史、通商史、财政学、经济学、应用经济学、商业、银行、货币、统计等三十余门。

1908年（清光绪三十四年）

12月，作《登楼杂感》二首，抒发忧国之情。

1909年（清宣统元年）

10月2日，长子出生，取名葆华。

1910年（清宣统二年）

11月，积极参加要求召开国会的第四次罢课请愿活动，被同学推举为北洋法政专门学堂八名学生代表之一。

1911年（清宣统三年）

11月21日，长女出生，取名星华。

1912 年

6 月，撰写《隐忧篇》一文。

秋，北洋法政学会成立，任编辑部长，开始筹办会刊《言治》杂志。

12 月，以北洋法政学会名义，主持出版《〈支那分割之运命〉驳议》一书。

1913 年

4 月 1 日，《言治》杂志创刊。该刊虽然名为月刊，但是从创刊就存在脱期现象，实际上到 1914 年上半年仅出版 6 期。李大钊在该刊发表诗文 31 篇，如《朱舜水之海天鸿爪》(4 月 1 日)、《一院制与二院制》(9 月 1 日)、《欧洲各国选举考》(11 月 1 日)等，尤其《论宪法公布权当属宪法会议》(10 月 1 日)一文表现了不畏强权的独立学术品格。

6 月，毕业于天津北洋法政专门学校。不久，赴北京任《法言报》编辑。经孙洪伊介绍，结交北洋法政专门学校另一创办人汤化龙。

年底，在汤化龙、孙洪伊资助下，赴日本东京留学，住牛込区下塚町五二0号中华基督教青年会会馆内。

1914 年

8 月 10 日，在《甲寅》杂志第一卷第三号发表《风俗》一文。在此前后结识《甲寅》创办人章士钊、编辑陈独秀，以及林伯渠、高一涵等人。

9月8日，入早稻田大学政治经济学科本科学习。

1915年

2月，被公推为留日会学生总会文牍干事。后曾经撰写《警告全国父老书》，编印《国耻纪念录》等。

4月，和同学张润之翻译出版了他们在北洋法政专门学校时日本老师今井嘉幸所著《中国国际法论》。

7月5日，在早稻田大学修完了第一学年。考试成绩分别为：国家学原理77分，帝国宪法学75分，应用经济学85分，经济学原理（财政学）65分，近代政治史70分，民法要论60分，刑法要论55分，政治经济学原著研究40分，古典经济学原著研究87分，英文练习66分，论文56分。总分766分，各种平均66.90分，评定为丙等，名次在106名考生中排行第40。

1916年

2月2日，因从事反袁活动，被早稻田大学以“长期欠席”为借口除名。

春，组织成立神州学会和中国财政经济学会。前者以研究学术、敦崇气节、唤起国民自觉、图谋国家富强为宗旨，后者以研究经济财政学理及调查事实以期适用于中国为宗旨。

5月15日，在《民彝》杂志上发表著名的政论文章

《民彝与政治》。在此前后，由东京回到上海。

8月15日，《晨钟》报创刊，出任编辑主任，并发表《〈晨钟〉之使命——青春中华之创造》一文。

9月1日，在《新青年》发表著名的《青春》一文。

9月5日，辞职，离开《晨钟》报；先后在该报发表文章14篇。

10月1日，北洋法政学会主办的《宪法公言》创刊。李大钊任编辑之一，在该刊曾经发表《省制与宪法》、《宪法与思想自由》等文章。

1917年

1月28日，《甲寅》日刊在北京创刊，李大钊任编辑，并在该刊先后发表数十篇文章。如：《孔子与宪法》（1917年1月30日）、《自然的伦理观与孔子》（1917年2月4日）、《预定制宪期限案》（1917年2月4日）、《俄国革命之远因近因》（1917年3月19—21日）、《俄国大革命之影响》、《欧洲各国社会党之平和运动》（1917年4月24、25日，5月2、5日）等。

4月1日，在《新青年》发表《老人与青年》，在北洋法政学会主办的《言治》季刊第一册发表《战争与人口（上）》、《美与高》、《大战中欧洲各国之政变》等诗文。

4月4日，筹备神州学会学术讲演大会。

4月8日，神州学会学术讲演大会如期在北京宣武门外骡马市大街湖广会馆举行,蔡元培、李石曾、张继、陈独秀等分别演讲《以美育代宗教说》、《学术之进化》、《法儒纪昀之道德观》、《旧思想与国体》等。此外,汤化龙、章士钊也到会发表演讲。

5 月 5 日,离京返乡探亲,辞去《甲寅》日刊编辑工作。

6 月 22 日,返回北京。

6 月 25 日,赴天津访白坚武。旋应天津青年爱国会邀请在东马路青年会礼堂发表《大亚细亚主义》演讲。

7 月 1 日,张勋复辟,被迫避走上海。

9 月 20 日,在《神州学丛》发表《调和之法则》。

10 月 15 日,在《太平洋》第 1 卷第 7 号发表《暴力与政治》一文。

11 月 9 日,离沪北上,经南京回北京。

12 月 25 日,接受章士钊推荐,决定到北京大学图书馆任职。

1918 年

1 月中旬,任北京大学图书馆主任。

1 月 20 日,加入北京大学进德会,为甲种会员。

本月,开始参加《新青年》编辑工作,结识鲁迅等同仁。接家眷到京,租住回回营 2 号院。

2 月 18 日,参加发起成立北京大学公余法文夜校。

3 月 15 日，率领北京大学图书馆职员数人参观清华学校。

4 月 29 日，向北京大学图书馆捐赠章士钊主笔的《独立周报》35 本。

6 月 21 日，应邀成为少年中国学会发起人。

6 月 30 日，出席少年中国学会成立大会，任临时编辑部主任。学会规约为："振作少年精神，研究真实学问，发展社会事业，转移末世风气。"

7 月 1 日，在《言治》季刊发表诗文、译文等 10 余篇，其中重要论著有：《法俄革命之比较观》、《调和之法则》、《东西文明根本之异点》、《俄国革命与文学家》、《强力与自由政治》。

7 月 9 日，应邀出席北京大学编译会为欢迎商务印书馆总经理张元济而举办的茶话会，商谈创办世界图书馆、编辑教育书、改定本版教科书等事。此为李大钊和张元济相识之始，但是，初次见面，张元济并没有记住李大钊的名字，在日记中记载为"管图书馆某君"。

10 月 1 日，与陈独秀等发起成立社会主义研究会。

10 月 20 日，应北京大学正在筹办的《国民》杂志之邀，担任顾问。

10 月 21 日，《新青年》杂志决定自 1919 年起，由陈独秀、胡适、陶孟和、李大钊等 12 人轮流负责编辑出版工作。

10月22—26日,此间与毛泽东结识。不久,毛泽东开始在北京大学图书馆临时担任助理员(书记)。

11月19日,在北京大学图书馆内为即将创刊的《新潮》杂志提供一间办公室。不久,担任《新潮》杂志顾问。

11月29日,在北京大学于中央公园(今中山公园)举办的"庆祝协约国战胜"大会上发表《庶民的胜利》演讲。

12月6日,撰写《Bolshevism的胜利》一文。

12月22日,与陈独秀发起创办并编辑《每周评论》,次年8月30日被北洋军阀政府查封,共出版37号。

本月,撰写《俄罗斯文学与革命》一文。

1919年

1月3日,在《每周评论》第3号发表《新纪元》一文。

5月5日,协助《晨报》副刊开辟《马克思研究》专栏。

7月1日,与王光祈等发起成立的少年中国学会在北京正式成立。根据李大钊的提议,学会宗旨改为:"本科学精神,为社会服务,以创造'少年中国'。"

7月15日,《少年中国》创刊,任编辑。

7月下旬,开始写作长篇论文《我的马克思主义观》,不久发表在《新青年》第 6 卷第 5、6 号上。

8 月 17 日,在《每周评论》第 35 号发表《再论问题与主义》一文。

12 月 1 日,在《新潮》杂志发表《物质变动与道德变动》一文。

1920 年

1 月 1 日,在《新青年》第 7 卷第 2 号发表《由经济上解释中国近代思想变动的原因》一文。

1 月 4 日,在《星期日》周刊发表《什么是新文学》一文。

3 月,在北京大学发起组织马克思学说研究会。

5 月 1 日,在《新青年》第 7 卷第 6 号发表《"五一"May Day 运动史》一文,《申报》、《东方杂志》、《星期评论》、《钱江评论》、《少年世界》转载或摘要发表。

7 月 8 日,北京大学评议会议决将图书馆主任改为教授。

7 月 23 日,正式受聘为北京大学教授。

本月,受聘为北京女子高等师范学校讲授"社会学"、"女权运动史"两门课程。

10 月 1 日,北京大学政治教授会议决:李大钊讲授"现代普选运动"课程。

10 月初,在北京大学史学系讲授"唯物史观研究"

课程。

10月14日，当选为北京大学评议会评议员。此后，一直到1923年连续担任评议员。

10月16日，当选为北京大学图书委员会委员。

12月1日，在《新青年》第8卷第4号发表《唯物史观在现代史学上的价值》一文。

12月2日，发起成立北京大学社会主义研究会。

1921年

1月，应邀担任罗素学说研究会组织的“社会主义是否适合中国”大辩论系列活动的裁判员。

7月，为李泰棻《西洋大历史》一书作序。

8月19日，参加发起成立北京国立八校教职员太平洋问题研究会。

10月24日，在《北京益世报·女子周刊》发表《关于图书馆的研究》一文，11月7日、14日连载完毕。

11月，出席马克思学说研究会第一次公开活动，并致开幕词。

12月1日，在《晨报》副刊发表《美国图书馆员之训练》一文。

12月15—17日，在《晨报》副刊发表在中国大学的演讲《由平民政治到工人政治》。

12月16日，在北京大学第二院会议厅出席马克思学说研究会成立大会，并讲话。

12月19日，在《北京益世报·女子周刊》发表《理想的家庭》演讲稿。

12月22日，在北京大学作《工人的国际运动》讲演。

1922年

1月8日，在《晨报》副刊发表前不久在北京市孔德学校的演讲稿《今与古》。

1月18日，在《民国日报》副刊《妇女评论》第25期发表《现代的女权运动》。

1月30日，在《学艺》第3卷第8期发表长篇论文《论自杀》。

2月9日，在北京大学继续讲"工人的国际运动"。

2月18日，在北京大学第一院参加国学门委员会全体会议，并发言。

2月19日，马克思学说研究会举办第一次公开演讲，应邀作《马克思的经济学说》演讲。

3月5日，在《新生活》第55期发表《胶济铁路略史》一文。

4月4日，起草《非宗教者宣言》并于本日在《晨报》发表，王星拱、吴虞、李石曾、邓中夏等12人签名。

5月6日，在《晨报》副刊发表《马克思与第一国际》一文。

7月1日，在《新青年》第9卷第6号发表《平民政治与工人政治》一文。

8月31日或9月1日，和林伯渠一起拜谒孙中山，畅谈不倦，几乎忘食。

11月19日，被北京大学等校学生建立的学生读书会聘为导师，出席成立大会，并发表讲话。

12月2日，辞去北京大学图书馆主任职务。

12月5日，任北京大学校长办公室秘书。

12月16日，在北京中国大学哲学读书会上演讲《社会问题与政治》，本月29日《民国日报》副刊发表全文。

12月29日，在北京大学经济学会第六次公开讲演会上发表《社会主义的将来》演讲。

1923年

1月16日，在《北京大学经济学会半月刊》发表《社会主义下的经济组织》一文。

本月，出版《平民主义》一书，为商务印书馆“百科小丛书”之第15种。1926年重印。

2月1日，应武汉高等师范学校邀请，为当地教职员演讲《进步的历史观》三次。

2月3日，为湖北女权运动同盟会演讲世界妇女运动的潮流与性质。

2月12日，在北京大学《社会科学季刊》发表《今与古》一文。

3月12日，在《时事新报》特刊《合作》第62号发表《马克斯经济学说》一文。

4月5日应邀在上海复旦大学发表《史学与哲学》演讲。

4月15日，应邀在上海大学发表《演化与进步》演讲。

5月1日，在《晨报》副刊发表《工人国际运动略史》一文。

8月10日，在《顺天时报》第7000号发表《报与史》一文。

本月，在北京大学《社会科学季刊》第1卷第4号发表《桑西门的历史观》一文。

9月，本月至1924年4月，为北京大学政治系和经济系学生开设“社会主义与社会运动”课程。

11月7日，在上海大学社会问题研究会成立大会上发表《社会主义释疑》演讲。

11月29日，在《民国日报》(上海)副刊《觉悟》上发表《史学概论》一文。

本月，在北京大学《社会科学季刊》第2卷第1号发表《孔道西的历史观》一文。

12月4日，在《民国日报》(上海)副刊《觉悟》上发表《劳动问题的货源》一文。

12月11日,为萧一山《清代通史》作序。

12月20日,开始印发《史学思想史》讲义之一《史观》,以便学生在上课时使用。

1924年

5月13日,应北京大学政治学会邀请,在北京大学第三院发表《人种问题》演讲。

5月,出版《史学要论》,为商务印书馆"百科小丛书"第51种。

7月2日,《史学思想史》讲义印发完毕。

7月19日,据本日《北京大学日刊》报道,担任北京大学政治系1924—1925年度"现代政治"课程。

1925年

2月23日,据本日《北京大学日刊》报道,本学期继续开设"史学思想史"课程。

4月,在《中国工人》发表《上海的童工问题》一文,1924年9月28日写于莫斯科。

7月底8月初,在河南开封第一师范学校发表《大英帝国主义者侵略中国史》演讲。

9月9日,在《政治生活》发表《从印度航路发见以至〈辛丑条约〉帝国主义侵入东方年表》一文。

12月30日,从本日开始,至1926年2月3日,在

《政治生活》第62—64、67期连载《土地与农民》一文。

1926年

3月1日，应北京学生总会邀请，在北京女子师范大学发表《日本维新运动与中国国民革命运动比较观》的演讲。

3月12日，在《国民新报·孙中山先生逝世周年纪念特刊》上发表《孙中山先生在中国民族革命史上之位置》一文。

5月，在《政治生活》第76期发表《马克思的中国民族革命观》一文。

8月8日，在《政治生活》第80—81期合刊上发表《鲁豫陕等省的红枪会》一文。

11月20日，在《政治生活》发表《中山主义的国民革命与世界革命》一文。

本年，与朱希祖制定《北大史学系课程指导书》（1926—1927年度）。

1927年

4月6日，在北京苏联大使馆内被奉系军阀张作霖逮捕。

4月28日，在北京西交民巷京师看守所与谭祖尧、邓文辉等19人一起被秘密处以绞刑。

李大钊和他的《史学要论》

朱文通

一、李大钊的学术历程与《史学要论》的写作背景

《史学要论》是李大钊作为一代学术大师的代表作之一和经典传世之作，但是一直以来并没有引起学术界足够的重视，这或许是受李大钊身上革命家光环遮掩所至。在一些人看来，李大钊的学术贡献似乎不过是为革命服务而已。这种在某种程度上存在的将李大钊“脸谱化”的倾向，明显地影响甚至制约着李大钊研究的深入开展。因此，笔者认为有必要在这里深入探讨李大钊作为一个学者的成长历程，从而揭示《史学要论》产生的深刻背景。

改革开放以后，作为革命家的李大钊（1889—1927年）越来越广为人知。很多人对李大钊的了解是基于以下的描述：李大钊中学时代即矢志于民族解放斗争和民

主革命事业，最早在中国传播马克思主义，和陈独秀等人一起创建共产党，为中国革命初步指明了社会主义的发展方向，是中国共产主义运动的先驱、伟大的马克思主义者、杰出的无产阶级革命家、中国共产党的主要创始人之一，在中国近代史和中共党史上占有崇高的历史地位。

然而，应该指出的是，李大钊并非一个职业的革命家，他的职业背景更多地是和学术、文化联系在一起的。他从1913年开始先后任《言治》(月刊)、《民彝》、《晨钟报》、《甲寅》(日刊)、《言治》(季刊)、《宪法公言》、《少年中国》、《新青年》、《每周评论》等多种报刊的主编或编辑，长期从事报刊编辑出版工作，同时从事科研、创作活动，笔耕不辍。从1918年1月开始先后担任北京大学图书馆主任、北京大学教授(1920年7月)和北京大学校长办公室秘书(1922年12月)等职务；此外，还兼任朝阳大学、女子师范大学、师范大学、中国大学等校教授，讲授史学思想史、社会学等课程，同时，还有其他很多方面的社会兼职工作。特别是，李大钊一直都在为革命事业奔忙，1924年后还同时担任国共两党在北方的重要领导职务。尽管如此，李大钊仍然保持着一个学者的本色。李大钊固然是一个伟大的革命家，但是他首先是一个学者、教授。特别是蔡元培时期以“兼容并包”为办学指导思想的北京大学，为李大钊搭建了一个重要的人生舞台①。在北京大学的工作岗位上，李大钊把对个人人生境界的追求完美地融合在对革命事业的追求和对学问事业的追求当中，为后人树立了一个“完人”②、革命家与一代学术大师和谐统一的崇高形象。

李大钊，字守常，另有多个笔名、化名，1889 年 10 月 29 日出生于直隶省（今河北省）乐亭县大黑坨村，出身孤苦。他出生前半年，父亲因病逝世；不到一岁半，母亲也因病撒手人寰；由其大祖父李如珍抚养长大。李大钊自幼受到良好的私塾教育，在传统文化的熏陶下，旧学功底扎实深厚。1905 年清政府废科举之后，被永平府中学堂（在卢龙县城）录取，从此开始接受新式教育。学习期间，深受康有为、梁启超、谭嗣同等人的思想影响，“矢

① 章士钊曾经指出：“时北京民主运动正在萌芽，守常志在得北大一席，以便发踪指示，初于位分之高低，同事不合理之情绪，了不屑意。由今观之，守常一入北大，比于临淮治军，旌旗变色，自后凡全国趋向民主之一举一动，从五四说起，几无不唯守常之马首是瞻。”（章士钊：《〈李大钊先生传〉序》，1951 年 8 月，见张次溪：《李大钊先生传》，北京宣文书店 1951 年版。）

② 张申府在《忆守常》一文中说：李大钊“应该说是现代中国的一个完人。不论他的思想，他的行动，他的为人，他的待友处家，都是无可訾议的。他的思想的前进，他的行为的积极，他的为人的纯洁，他的道德的高尚，他的革命情绪的热烈，所有这些兼而有之，真可说是一时无两”。（《回忆李大钊》，人民出版社 1980 年版，第 61 页。）

志努力于民族解放之事业”①。1907 年考入天津北洋法政学堂②，开始系统学习西方政治法律学说。1912 年 6 月，撰写《隐忧篇》，对民国建立后的政治状况表示种种忧虑，提出自己的看法和对策，并对国民党的某些派别提出批评。同年秋，加入北洋法政学会，与郁嶷共同担任编辑部部长，主编学会会刊《言治》月刊。同年 12 月，主持出版《〈支那分割之运命〉驳议》一书，驳斥日本学者分裂中国的无耻谰言，表现出强烈的爱国主义情怀。1913 年 4 月 1 日，《言治》月刊第 1 期出版（实际略微脱期），发表《朱舜水之海天鸿爪》等诗文，初步表现出在史学和文学方面的才华③。此后，约在一年时间内，李大钊总计在《言治》发表诗文 30 余篇。如果说 1913 年 9 月 1 日发表的《一院制与二院制》一文，还明显地受到章士钊

① 李大钊：《狱中自述》，《李大钊全集》第 4 卷，河北教育出版社 1999 年版，第 719 页。

② 李大钊在《狱中自述》中说：“钊感于国势之危迫，急思深研政理，求的挽救民族、振奋国群之良策，乃赴天津投考北洋法政专门学校”，“其时有三种学校正在招考……军医非我所喜，故未投考。银行专修所我亦被考取，但理财致个人之富，亦殊违我素志，乃决心投考北洋法政专门学校，幸被录取。”（《李大钊全集》第 4 卷，第 713—714 页。）

③ 郁嶷在《送李龟年游学日本序》中说：“《言治》月刊，……首期出版，海内日报杂志，转录殆尽，尤以君文为最。同人之文，多拘挛法理糟粕之学，而君则振翰荦荦，发为感慨悲歌之篇，其造意树义，一以民生为念，阐扬先哲贻德为急。览者感发兴起，颂声交至。”（《言治》月刊第 4 期）按：此时，李大钊一度更名为龟年，字或号严明。

主张一院制思想的影响的话,那么同年10月1日发表(实际略微脱期)的《论宪法公布权当属宪法会议》一文,则敢于提出自己的独立见解,初步展示了他不畏强权的学者风骨。北洋法政学堂为袁世凯所办,李大钊当时处在浓厚的拥护袁世凯的氛围中,袁世凯意欲帝制自为,四处散布宪法公布权应该属于大总统等荒谬言论。为了捍卫宪法的权威性,李大钊从学理出发,撰文予以驳斥,充分表现出了一个学者可贵的独立学术品格。1913年6月,李大钊从天津北洋法政专门学校毕业后不久,赴北京任《法言报》编辑。同年底,赴日本东京留学。次年9月8日,入早稻田大学政治经济学科本科学习,开始更加深入系统地研究西方资产阶级政治经济学说,这为他成为一个学问家奠定了更加坚实的基础。

武昌起义爆发前后,李大钊开始逐渐抛弃改良主义的思想影响,进而接受资产阶级革命思想,与此同时开始受到社会主义思潮在中国广泛传播的影响。在日本留学期间,李大钊更加坚定了对资产阶级政治学说的信仰,同时继续受到社会主义思潮的某些影响。在中国传统文化特别是经世致用这一学术思想的影响下,李大钊的学术研究显然并非简单地发展个人的兴趣和爱好,而是始终和他救国救民的伟大志向结合在一起。他总是根据救亡图存的需要,从历史和现实出发,研究相关问题。如果说,信仰资产阶级政治学说是多年接受新式教育的必然结果,那么信仰马克思主义和社会主义学说,则是他在独立思考、独立研究中进行的独立选择。他曾经一度对国民党表示失望,拥护袁世凯和段祺瑞,都是出于对在中国建立资产阶级共和国的美好期盼,而他反袁、反段则是经过学理上独立思索的结果。正是在这样一次次的对民国初年政治的失望中,李大钊投入到在第一次世界大战影响下展开的中西文化比较论战中,苦苦思索未来中国的发展等问题。恰好在这个时候,在《甲寅》编辑部内,李大钊因为在国内政治问题上的意见和创办人章士钊不合,于是双方约定李大钊只研究国际政治问题,主要负责评论国际政治问题。李大钊遂得以投入更大精力研究欧洲社会民主党运动与第二国际的历史和现状,撰写了一系列文章。在这个过程中,李大钊多次谈到社会主义,并注意到资本主义和社会主义的矛盾,他说:"对于专制主义而有民主主义,对于资本主义而有社会主义,是皆离心力与向心力相搏战而生之结果。"①他对俄国革命格外关注,并撰写数篇文章进行分析研究。他认为:"由今言之,东洋文明既衰颓于静止之中,而西洋文明又疲命于物质之下,为救世界之危机,非

① 李大钊:《政治之离心力与向心力》,《李大钊全集》第2卷,河北教育出版社1999年版,第697页。

有第三文明之崛起,不足以渡此危崖。俄罗斯之文明,诚足以当媒介东西之任”①,“世界中将来能创造一兼东西文明特质,欧亚民族天才之世界的新文明者,盖非俄罗斯人莫属。”②正是基于对十月革命的深入研究,李大钊才走上了信仰马克思主义和社会主义的道路,这显然不是心血来潮或孟浪的选择。由此可见,是学者的本色和对真理的追求促使李大钊一步步地走上了新民主主义革命的道路。而恰恰是这种学者本色的保持,又进一步促使李大钊不仅致力于马克思主义在中国革命实践中的中国化,同时致力于马克思主义在中国文化学术中的中国化。《史学要论》就是李大钊致力于马克思主义在中国文化学术方面中国化的代表作。1923 年底到 1924 年 4 月,李大钊在北京大学开设“社会主义与社会运动”课程,其中在谈到“社会主义的理想”时,他特别讲道:“因各地、各时之情形不同,务求其适合者行之,遂发生共性与特性结合的一种新制度(共性是普遍者,特性是随时随地不同者),故将来中国发生之时,必与英、德、俄……有异。”③这实际上是初步提出了马克思主义要与

① 李大钊:《东西文明之根本异点》,《李大钊全集》第 3 卷,河北教育出版社 1999 年版,第 43 页。

② 李大钊:《法俄革命之比较观》,《李大钊全集》第 2 卷,第 58 页。

③ 《李大钊全集》第 4 卷,第 508 页。

中国实际相结合的问题，也就是马克思主义中国化的问题。李大钊不仅在革命实践中高度重视这个问题，而且在学术研究中同样努力这样去做，李大钊的史学思想就是唯物史观在他的学术研究中具体运用的产物。

《史学要论》作为百科小丛书之第 51 种，1924 年 5 月由商务印书馆出版，署名李守常。此前，即 1923 年 1 月，李大钊已经在商务印书馆出版《平民主义》一书，为商务印书馆“百科小丛书”之第 15 种。李大钊能够连续在商务印书馆出书，或许与他在 1918 年 7 月 7 日就已经认识商务印书馆总经理张元济有一定关系①，详情已经难考。毋庸置疑，这主要还是李大钊个人长期研究的结晶。李大钊在 1919 年成为马克思主义者以后，研究方向主要有两个，一是唯物史观和西方近代史学思想史，一是科学社会主义②。在唯物史观的研究和教学方面，主要活动和成果有：1919 年 12 月，在《新潮》杂志发表《物质变动与道德变动》一文。1920 年 1 月，在《新青年》第 7 卷第 2 号发表《由经济上解释中国近代思想变

---

① 李大钊应邀出席北京大学编译会为欢迎商务印书馆总经理张元济而举办的茶话会，商谈创办世界图书馆、编辑教育书、改定本版教科书等事。详见《张元济日记》上册，商务印书馆 1981 年版，第 418—419 页；另见《北京大学日刊》1918 年 8 月 17 日。

② 与此有关的代表作除《平民主义》、《史学要论》之外，重要的还有《社会主义与社会运动》讲义和《史学思想史》讲义。

动的原因》一文。1920 年 7 月,被受聘为北京大学教授,10 月初就开始在北京大学史学系讲授“唯物史观研究”课程。同年 12 月,在《新青年》第 8 卷第 4 号发表《唯物史观在现代史学上的价值》一文。1923 年上半年,先后在武汉和上海等地演讲“进步的历史观”和“史学与哲学”等。1923 年 11 月,在《民国日报》(上海)副刊《觉悟》上发表《史学概论》一文。从 1923 年 12 月开始,陆续完成《史学思想史》等讲义。笔者认为,《史学要论》是李大钊从事唯物史观教学和研究的最终成果和代表作。

《史学要论》虽是在 1924 年即出版,但在 1949 年 10 月新中国成立以前,由于国内政治军事斗争异常激烈等原因,《史学要论》的传播受到限制。新中国成立后,又由于史学理论长期不受重视,该书仍然未能广泛流传,就连 1959 年 5 月出版的《李大钊选集》都未收入这部重要论著。改革开放后,史学理论逐渐成为显学之一,《史学要论》渐渐地引起了学术界的重视。1980 年,北京师范大学史学研究所曾经内部刊印《史学要论》。1984 年 9 月、10 月分别由河北人民出版社和人民出版社出版的《李大钊史学论集》、《李大钊文集》均收入《史学要论》,《史学要论》的学术价值和地位逐渐被学术界所认识。随后,1999 年 9 月河北教育出版社出版的《李大钊全集》

（四卷本）完全按照初版本收入《史学要论》，同年10月人民出版社出版的五卷注释本《李大钊文集》（2006年又更名为《李大钊全集》，以“最新注释本”的名义再印）自然也收入了《史学要论》。

1999年12月，商务印书馆“商务印书馆文库”本《史学要论》出版，该书除收入初版本《史学要论》外，还收入了《史观》、《马克思的历史哲学与理恺尔特的历史哲学》、《唯物史观在现代史学上的价值》等7篇文章。

2000年12月，河北教育出版社出版的《史学要论》，除收入《史学要论》初版本外，还附录李大钊其他论著32篇，皆选自河北教育出版社于1999年出版的《李大钊全集》；此外该书还附录《李大钊著述要目》[①]。

2009年7月，时代文艺出版社以“老北大讲义”名义出版了《史学要论》，虽然笔者认为《史学要论》是李大钊在北京大学开设“唯物史观研究”课程的最终成果，但是直接把《史学要论》作为老北大的讲义，还是欠妥当的。

① 这里需要说明的是，该版《史学要论》“前言”写于1999年3月，其时河北教育出版社出版的《李大钊全集》及《史学要论》尚未印刷出版，因此作者主要依据的资料主要来自人民出版社1984年版的《李大钊文集》，进而造成“前言”中使用的“史料”和《史学要论》一书中对有关“史料”写作时间的认定明显地不一致。如，关于《史观》的写作时间，《李大钊文集》认为是1920年，而实际上应该是1923年12月。

这里有必要附带提及的是,《史学要论》初版本不仅具有重要的文献价值,还具有较高的文物收藏价值。在北京海王村拍卖有限责任公司举办的中国书店2008年秋季书刊资料拍卖会上,《史学要论》初版本的成交价为10780元。

二、《史学要论》的主要内容

李大钊致力于马克思主义在中国文化学术中的中国化,贡献是多方面、全方位的[①]。尤其他"夙研史学"[②],在史学研究方面的贡献更为突出,这主要表现在以下几个方面:第一,李大钊运用唯物史观的基本原理,对历史学最基本的概念——历史和历史学提出了崭新的独到的看法,进行了科学的界定;第二,李大钊对马克思主义历史哲学的基本理论问题进行了系统、深入的探讨和研究[③],初步构建了中国马克思主义历史哲学的理论体系;第三,李大钊对史学理论的一系列基本理论问

① 详可参见吴汉全:《李大钊与中国现代学术》,河北教育出版社2002年版。

② 李大钊:《狱中自述》,《李大钊全集》第4卷,第719页。

③ 参见晋荣东:《李大钊哲学研究》,华东师范大学出版社2000年。

题进行了深入探讨[①]，初步构建了中国马克思主义史学理论的理论体系；第四，李大钊对西方近代史学思想史进行了系统研究，为他研究唯物史观等奠定了深厚的基础；第五，李大钊运用唯物史观对中国历史特别是近代史的若干重要问题进行了深入研究，这种研究可以视为他所说的要把中国历史——"改作"的积极探讨和尝试。这种"改作"既为中国历史特别是近代史研究开辟了思路，又有效地配合了革命斗争的需要，论证了新民主主义革命的科学性和合理性[②]。

李大钊的史学成就主要体现在《史学要论》和《史学思想史》讲义及一系列有关的文章中，其史学思想则主要体现在《史学要论》以及《史观》等论著中。《史学要论》一书共六部分，分别是"什么是历史"、"什么是历史学"、"历史学的系统"、"史学在科学中的位置"、"史学与其相关学问的关系"、"现代史学的研究及于人生态度的影响"。虽然只有 32000 余字，但是内容却非常丰富，结构严谨，体系完备，博大精深，旨在建立以唯物史观为指导思想的历史科学的学科体系，堪称一代学术大师李

① 参见张文生：《李大钊史学思想研究》，中国社会科学出版社 2006 年版。

② 参见杜蒸民：《李大钊的中国近代史观》，《李大钊研究》第七辑，《河北学刊》1997 年增刊。

大钊的代表作。李大钊史学思想的内容，主要体现在前述其史学贡献的第一、第二、第三个方面，即运用唯物史观的基本原理，深刻阐述了唯物主义的历史观和史学观以及历史学的科学性问题，阐述了历史学与其他相关学科的关系以及现代史学的价值和功能；同时，揭示了历史、历史学、历史理论（史学理论）、历史哲学、史学史、专门史和历史研究法、历史编纂法等作为学科概念的科学含义，以及它们之间的相互关系，初步建立了中国马克思主义历史科学的学科体系，这标志着中国马克思主义历史学派的创立。

李大钊的史学思想固然以唯物史观为核心，他对唯物史观的理解和认识，主要体现在1919年发表的《我的马克思主义观》中。此后在有关的论著中虽然也有对唯物史观基本原理的介绍，但是目的主要在于用唯物史观为指导建立中国的历史科学的新体系，并非简单的对唯物史观的介绍和宣传。他的历史观和史学观等史学思想主要体现在他对历史、历史学、历史理论（史学理论）、历史哲学等概念的界定和讨论中。

（一）关于历史与历史观

李大钊在《史学要论》首先讨论的是历史的定义，

这个问题他在《史学与哲学》、《报与史》等文章中也进行过论述。在《史学与哲学》一文中,他首先从字义、词义入手讨论"历史"一词含义的演变,指出在中国的典籍中,"史是记事的人(即是书记官)"(以下注释较为琐碎,凡未出注者皆引自商务印书馆2009年版《史学要论》,不再一一注明),也就是史官;"史学有书役的义"。在西方文化中,英语、法语、意大利语、希腊语、拉丁语中历史的"本意为'问而知之',把'问而知之'的结果写出来,即为记录,即是History"。在德语和荷兰语中,历史"原皆指发生的事件或偶然的事变"。而近代所说的历史则主要有三层含义,分别指民族和社会发展所经历的过程、历史书籍和"科学的学问"。李大钊进一步从学术的角度例举了德国历史学家郎蒲锐西(今译兰普雷茨)、日本内田银藏博士和梁启超等五人关于历史的定义,以启发人们进一步思索这个问题。

李大钊最后在《史学要论》中系统地提出他理解中的历史:"简明一句话,历史就是人类的生活并为其产生的文化。""历史既是整个的人类生活,既是整个的社会的变革;那么凡是社会生活所表现的各体相,均为历史的内容所涵括。"也就是说,历史不是单指社会生活中政治的或军事的某一个方面,也并非仅仅指宗教的、经济的、文化的等某几个方面。

进而,李大钊提出自己的历史观:历史就是社会的变革,社会的变革就是历史。历史是靠我们本身具有的人力创造出来的,不是哪个伟人圣人或上帝创造的。历史的变革非从经济关系上说明不可。“马克思所以主张以经济为中心考察社会的变革的原故,因为经济关系能如自然科学发见因果律。这样子遂把历史学提到科学的位置。”

李大钊又说:“历史的真实,有二意义:一是说曾经遭遇过的事的记录是正确的,一是说关于曾经遭遇过的事的解喻是正确的。”“解喻是活的,是含有进步性的;所以历史的事实,亦是活的,含有进步性的。”这是因为一时代有一时代比较进步的历史观,一时代有一时代比较进步的知识;史观与知识不断的进步,人们对于历史事实的解喻自然要不断的变动。“神权的、精神的、个人的、退落的或循环的历史观可称为旧史观,而人生的、物质的、社会的、进步的历史观则可称为新史观。”在旧史观指导下的历史,必须一一改作,且必须要重作。李大钊特别指出:一切的历史,不但不怕随时改作,并且都要随时改作。根据新史观、新史料,把旧历史一一改作,是现代史学工作者的责任。

（二）关于历史学与历史学观

关于历史学的定义，李大钊认为："史学非就一般事物而为历史的考察者，乃专就人事而研究其生成变化者。史学有一定的对象。对象为何？即是整个的人类生活，即是社会的变革，即是在不断的变革中的人类生活及为其产物的文化。换一句话说，历史学就是研究社会变革的学问，即是研究在不断的变革中的人生及为其产物的文化的学问。"更进一步说，研究历史的任务和目的是："（一）整理事实，寻找它的真确的证据；（二）理解事实，寻出它进步的真理。"

李大钊进一步阐述了他的历史学观，第一，他认为虽然说"历史学的起源，实起于纪录的历史"，但是应该区别历史和历史学，历史"是人类生活的行程，是人类生活的联续，是人类生活的变迁，是人类生活的传演，是有生命的东西，是活的东西，是进步的东西，是发展的东西，是周流变动的东西；他不是陈编，不是些故纸，不是僵石，不是枯骨，不是死的东西，不是印成呆板的东西。我们所要研究的，应该是活的历史，不是死的历史；活的历史，只能在人的生活里去得，不能在故纸堆里去寻"。也就是说，过去的历史记录或撰述，并非客观历史本身，只是历史研究的资料而已。“记录是研究历史的资料。历史是整个的、有生命的、进步的东西；不是固定的、死的东西。历史虽是发源于记录，而记录决不是历史。”

第二，应该尽快建立历史科学的理论体系。他指出，史学的目的不仅在考证特殊史实，同时更宜为一般的理论的研究。“今日的历史学，即是历史科学，亦可称为历史理论。史学的主要目的，本在专取历史的事实而整理之，记述之；嗣又更进一步，而为一般关于史的事实之理论的研究，于已有的记述历史以外，建立历史的一般理论。严正一点说，就是建立历史科学。”针对有人提出难以建立历史科学的一些看法，李大钊反驳道：虽然说历史缺乏属于一般科学的性质，并且是多元的，历史学也含有多元的哲学观，但是，由于各种学科都有自身的特点，“将史实汇类在一起，而一一抽出其普遍的形式，论定其一般的性质，表明普遍的理法又安见其不能？”他表示相信，通过史学家持续不懈的共同努力，“历史理论即历史科学，终有完全成立的一日。”

第三，历史研究要遵循科学的严格的方法。历史研究在于求实求真，为确保这一点可以说有很多方法，比如：“沿革的研究”、“比较的研究”、个案研究、总体性研究等。此外，还有历史编纂法，即怎样运用具体的学术方法去编纂、记述历史，怎样编制图表等。这里需要特别指出的是，李大钊认为历史研究方法应该和历史理论严格区分开来，二者虽然有一定的联系，但是毕竟明显不同。“当兹历史理论的系统尚未完成确立的时代，每易使人致疑于历史理论就是历史研究法。历史研究法之外，别无历史理论存在的必要，这不能不与以辨明。”“历史研究法是教人应依如何的次第方法去做史学研究的阶梯学问，是史学的辅助学问。历史理论则非别的学问的辅助与预备，实为构成广义的史学的最要部分。”

第四，关于史学理论与历史哲学的区别。李大钊认为：“历史学即历史理论，是说明历史现象的一般的性质，形式，理法的”，而“历史哲学是由统一的见地而观察历史事实者，是依哲学的考察，就人生及为其产物的文化为根本的说明深透的解释者”。即历史哲学是研究历史的根本问题的，是比历史学上所究论的更普遍、更渊深的问题，如人类生活究竟是什么？人类的行动，是有预定轨道的，还有人生是作梦一般的？我们所认为历史事实的是真的呢，还是空虚的？人类背后究竟有根本大法操持一切呢？还是历史上的种种事实都是无意义的流转……？种种事实，纷纭错杂，究竟有没有根本的原理在那里支配？这都是历史哲学的事。历史哲学是哲学的一部分，从系统上来说，宜放置在哲学分类之下。而“历史理论为寻得究竟的假设，与一般原理的阐明，不能不求助于历史哲学,有时尚不能不求助于一般哲学”。尽管如此,历史理论“与历史哲学亦必各有其判然当守的界域”。

(三)关于历史科学的学科体系与学科科学性

第一,关于历史科学的学科体系。李大钊认为,历史科学的系统,其完成还需要经过相当长的岁月,并需要多数学者的共同努力。他经过研究,提出了个人的初步看法。李大钊认为,历史学可以分为两个部分,“一是记述的历史,一是历史理论。严正的历史科学,乃是指此历史理论一部分而言。”最广义的历史学包括普通历史学(广义的历史学)、特殊历史学和历史哲学(应入哲学系统),此外还有具体的方法论,包括历史研究法和历史编纂法。其中,广义的历史学则包括记述的历史(即记述历史)和狭义的历史学(即历史理论),记述历史包括个人史(传记)、氏族史、社会集团史、国民史、民族史、人类史。历史理论则包括个人经历论(比较传记学)、氏族经历论、社会集团经历论、国民经历论、民族经历论、人类经历论。特殊历史学包括记述之部和理论之部,记述之部即人文史,也就是文化史,主要包括:政治史、经济史、法律史、伦理史(道德史)、宗教史、文学史、哲学史、美术史、教育史等。理论之部即人文学，也就是文化学，主要包括：政治学、经济学、法理学、伦理学（道德学）、宗教学、文学、哲学、美学、教育学等；其下可再细分类，如法律之分为民法、刑法、商法等。毫无疑问，这个学科体系是一个创举，是中国近代以来第一个比较完善、系统的历史科学学科体系，为今后史学研究的发展指出了方向。后来中国历史科学的学科体系虽然有进一步发展，学科名称和分类或有不同，但是在总体上并未超出李大钊所拟订的体系范围。

第二，关于历史科学的学科科学性及其他。有一些人认为社会科学和自然科学不同，其科学性很值得怀疑。李大钊承认这种差别，但是反对这种观点，并进行了系统的论述。概括来说，李大钊认为历史是客观存在的，历史的发展有规律可循，史学研究的目的就在于追求真理和发现规律。建立在唯物史观基础上的历史科学的学科体系，运用历史唯物主义的观点研究历史，必须首先从经济关系入手进行研究，因为“经济关系能如自然科学发见因果律。这样子遂把历史学提到科学的位置”。“历史学亦与自然科学相等，以发见因果法则为其目的。……以社会基础的经济关系为中心，研究其上层建筑的观念的形态而察其变迁，因为经济关系能如自然科学发见其法则。”李大钊认为：世界一切现象，无能逃于理法的支配者。人事界的现象，亦不能无特种的理法，惟俟史家去发见他，确定他了。此理法的普遍存在，固毫不容疑，不过在人事关系错综复杂之中，不易考察罢了。李大钊批评了只把历史学作为事实学的观点，认为历史学不仅是事实学，而且是法则学，经过马克思等的努力，“已于历史发见一定的法则，遂把史学提到与自然科学同等的地位，历史学遂得在科学系统中占有相当的位置。”“德国‘西南学派’虽崛起而为文化科学即历史学与自然科学对立的运动，亦终不能撼摇史学在科学的位置，这不能不归功于马克思诸子的伟业了。”笔者认为，李大钊所说的这种“相当的位置”，实际上是指历史学在追求真理方面和自然科学具有同等重要的地位，而并非是指用同样的方法，追求同样的“真”。因此，我们对李大钊所说“历史学亦与自然科学相等”的说法，要辩证地认识和理解。①

此外，李大钊还对历史学与文学、哲学、社会学等学科关系进行了深入的探讨，详略得当、言简意赅、深入浅出地论述了史学与相关学科的关系，笔者无须再赘言介

① 汪荣祖在《重申历史学的本质》一文中指出：“史学是一门独立而自主的学问，有其固定的研究范畴、方向与目标，无须将其建设为精确的自然科学，放弃将历史自然科学化的幻想，但这并不表示历史无真相可求。”（汪荣祖：《史学九章》，三联书店2006年版，第248页。）

绍。而李大钊从人生观、世界观、培养科学态度和史学的教育功能等方面对现代史学的价值和作用的论述，见解深刻而又充满激情，可谓文笔优美，精彩纷呈，具有很强的可读性，自然更无需笔者在这里一一复述。

三、《史学要论》的学术地位与影响

《史学要论》等论著所体现的李大钊的史学思想，明显地具有开创性、系统性、前瞻性等特点，其学术价值和学术地位不容低估。笔者认为，《史学要论》的学术地位和影响主要表现在以下几个方面。

1. 在近百年来中国知识与制度体系的革命性变革中占有独特地位，贡献卓著。近代以来中国社会被迫转型，这种转型表现在方方面面，程度各有不同。戊戌变法以来，特别是清末新政以来，在外来思想文化的影响下，中国的知识与制度体系在中外文化的冲突融合中，同样发生了重大转型，人们逐渐形成了一个新的观念世界和一套新的行为规范。这个转型，就总体而言主要在1910—1925年间奠定基础。李大钊恰好主要活动在这个非常的时期。他的史学思想虽然以唯物史观为核心，但是并非外来知识和制度的单纯移植，而是建立了自己的话语体系和理论体系，有自己的一套语汇和概念，有自己的一套独特的学说，这是一个崭新的历史科学的教学、研究的体系。具体来说，这个体系由李大钊的历史论、史学论、历史哲学、史学理论等组成。并且，随着时间的推移，这个体系越来越发挥着重要的作用和影响。而在国际上，就是当时苏联的学术界，也还没有形成这样的体系或学派。李大钊史学思想和哲学思想一样，在当时已经相当成熟，可以说这是李大钊作为一代大师于马克思主义在中国学术领域的中国化方面做出的独特而又卓越的贡献。

2. 在史学研究领域开创了中国的马克思主义历史学派，建立了一个崭新的研究范式。清末以来，随着各种资产阶级学说特别是进化论等思想的传入，外国的各种史学思想也被大量引进，有的史学理论书籍在一个时期内竟然有六七个译本之多。1902 年梁启超提出“新史学”的口号，号召进行“史学革命”。他运用进化论的理论论述了历史撰述的性质和范围、历史哲学和史学的社会作用、“史学与他学之关系”，并对“中国之旧史”进行了批判。到五四前后，国内形成相对主义史学、实证主义史学和马克思主义史学三大流派鼎立并存的生动局面。如：1920 年 10 月，李大钊在北京大学史学系讲授“唯物史观研究”课程，几乎与此同时，何炳松以美国哥伦比亚大学教授鲁滨孙的《新史学》为课本①，讲授西方新史学运动的理论和方法，对于中国史学研究的发展来说，这些无疑是一个可喜的局面。由《史学要论》奠定理论基础的马克思主义主义史学独树一帜，在史学研究中的影响逐步扩大，产生了以郭沫若、吕振羽等为代表的一批著名史学家，成果卓著。《史学要论》为今后马克思主义历史学派的发展奠定了坚实的基础。后来，马克思主义历史学派的发展虽然也有曲折，但是一直都是中国史学界居主流的研究范式之一。

3. 在中国史学史上，《史学要论》是近代中国第一部比较系统全面的史学理论著作，有力地促进了中国传统史学的近代化和史学理论研究的深入发展。中国传统史学向来号称发达，相对来说，对于史学理论的研究却非常薄弱，尚未形成一个独立的学科。无论是史学研究，还是史学理论研究，都缺乏整体性和科学性。近代史学大家梁启超虽然号召“史学革命”，并努力实践，但是未能系统地建立历史科学的学科体系，并且是更多地侧重在史学方法论上。《史学要论》作为近代中国第一部比较系统全面的史学理论著作，不仅把历史学建立在了科学的基础之上，而且把史学理论同样也建立在了科

① 参见朱希祖：《〈新史学〉序》，鲁滨孙著，何炳松译：《新史学》，广西师范大学出版社2005年版。

学基础之上，提出了崭新的历史观、史学观和进步史观，深刻阐述了历史发展的动力和规律等基本理论问题，为中国近代史学的发展开辟了道路，指明了发展的方向，有力地促进了中国传统史学的近代化和史学理论研究的深入发展。